日本的リスクマネジメント理論の現代的意義

——亀井利明最終講演の記録——

羽原敬二　亀井克之 編著

関西大学出版部

【本書は関西大学研究成果出版補助金規程による刊行】

序文

羽原敬二

日本におけるリスクマネジメントの文献として、亀井利明先生により、「企業危険論序説（1）（2）（3）」（共済保険研究3-9、3-10、3-11）が紹介され、米国の保険学者、経営学者、マーケティング学者などによって展開されたリスクマネジメント論の検討とドイツのLeitnerや経営学者が論述する企業危険論と危険政策が明らかにされたのが、昭和36年（1961年）であった。この本質的な特徴は、すでにこの時点で、企業倒産の防止、企業防衛を志向した経営戦略型のリスクマネジメントであった。その後、昭和53年（1978年）に『危険と安定の周辺』（同朋社）が出版され、同年9月に日本リスクマネジメント学会が設立された。次いで、昭和55年（1980年）に『リスクマネジメントの理論と実践』（ダイヤモンド社）が出された。この頃からリスクマネジメントが徐々に社会に認知され、1980年代後半にはかなり大きな流行ともいえる現象がみられた。経営実務家、法律家、評論家、技術者、財務関係者、金融機関関係者、心理学者などがそれぞれの分野でリスクマネジメントの研究に取組み、その成果が世に問われるようになった。リスクマネジメントや危機管理という言葉や概念が普及し、企業や行政機関にもリスクマネジメント部門が設置されるとともに、安易な言葉の乱用も散見されるようになりだした。

リスクマネジメント学会の活動も、保険管理型のリスクマネジメントから企業倒産防止や企業防衛に目的意識が変化するにつれ、企業経営者の性格や能力を問題とし、危機管理カウンセリング研究会、家庭危機管理学会、リスク・プロフェッショナル学会へと発展することとなった。さらに、その後、ソーシャル・リスクマネジメント論の必要性から、ソーシャル・リスクマネジメント学会として、著書が刊行された。こうしたリスクマネジメント論の発展を通じて、亀井理論は、危機管理論から危機突破論への進展がみられ、伝統的な管理論から脱した新たなリーダーシップ論を強化した理論的な展開がなされるまでに至っている。

リスクの研究とリスクマネジメントの研究は、本来別物であるとされる。すなわち、リスクを研究の対象としたとしても、リスクマネジメントの研究にはならないということである。リスクマネジメント論は、マネジメントを対象とする研究であり、マネジメントに重点が置かれている。リスクマネジメントの研究は、人、物、金、情報、組織などのリスク対応が課題であるが、特に、人間の心のリスクに関する研究は重要であると指摘されだした。現在は、ソーシャル・リスクの時代であり、このソーシャル・リスクを克服するためには、単に企業危機管理、家庭危機管理、行政危機管理のような個別経済主体が個々に行うリスクマネジメントだけでは限界がある。これらのリスクマネジメントを連携させ、それに地域危機管理の考え方を導入したソーシャル・リスクマネジメントが必要となってきた。

こうしたリスクマネジメント論の研究動向と経緯を踏まえ、日本で確立・完成された独創的な亀井理論に基づく日本的リスクマネジメントついてとりまとめることは、今後のリスクマネジメントの研究にとって極めて意義のあることと考え、著作として上梓することを試みた次第である。

本書の内容と意義

亀井克之

本書の内容

本書の内容は、2015年6月20日に関西大学千里山キャンパス100周年記念会館ホールで開催された日本リスクマネジメント学会とソーシャル・リスクマネジメント学会による合同総合部会・シンポジウムの記録である。このシンポジウムは、日本におけるリスクマネジメント研究の歩み、特に亀井利明関西大学名誉教授による理論の進展とその現代的意義を考える場として特別に企画された。各セッションは、報告とディスカッション、そして亀井利明名誉教授からコメントをいただく形式で実施された。最終セッションは、日本におけるリスクマネジメント研究のパイオニアである亀井利明名誉教授が半世紀に及ぶリスクマネジメント研究の最終到達点として近年主張されるようになった「危機管理と危機突破」論についての講演であった。

本書には、まず2015年6月20日の記録を採録している。さらに、亀井利明名誉教授による2015年7月4日のソーシャル・リスクマネジメント学会研究会における講演と、2015年11月28日のソーシャル・リスクマネジメント学会全国大会における発言を収録した。次に、羽原敬二教授による「リスクマネジメントシステムの概念と構築－亀井理論に基づく展開－」の論考を提示している。

亀井利明名誉教授は、1年間に及ぶ闘病生活の末、2016年1月14日21時45分に逝去された。それゆえ、本書は、限られた余命の中で、苦しい闘病を続けながら、最後の力を振り絞って行われた「最終講演」の記録としての価値を持つ。

本書の目的

本書刊行の背景と目的を記しておきたい。ドイツのライトナーによる『企業リスク論』（1915）が刊行されて2015年で丁度100周年、フランスのファヨールによる「保全的職能」論が盛り込まれた『産業ならびに一般の管理』（1916）が刊行されて本年で丁度100周年、そして2014年は米国で本格的なリスクマネジメントの文献が刊行されて50年というそれぞれ節目の年であった。

本書は、経営学分野におけるリスクマネジメント研究にとって区切りの時期に、次の観点から、日本におけるリスクマネジメント理論（亀井利明理論）の生成と発展を回顧すると共に、その現代的意義を提示することを目的としている。

①日本において、いかにリスクマネジメント理論は生成したか?
②日本において、いかにリスクマネジメントの理論と実践は定着したか?
③日本において、いかにリスクマネジメントは適用範囲を広げたか?
④日本において、いかにリスクマネジメントは「心の危機管理」や「リーダーシップ論」と連関するようになったか?

本書の構成

第一部　日本的リスクマネジメント理論のあゆみ

第1章　海上保険論からリスクマネジメント論へ

①保険からリスクマネジメントへの脱皮。

②リスクマネジメント論の日本への紹介・導入。

第2章　日本型リスクマネジメント理論の確立と発展

①世界に先駆けて「投機的リスク」を対象に拡大。

②リスクマネジメントの組織的位置づけの明確化。

③保険管理型・部門管理型・経営戦略型への分類。

④経営者リスク論の展開。

第二部　日本的リスクマネジメント理論の現代的意義

第3章　心の危機管理とソーシャル・リスクマネジメント

①心理学・カウンセリング論との融合。

②リスクマネジメントにおける社会的連携の意義。

第4章　リーダーシップと危機突破

①危機管理とリーダーシップ

②危機管理から危機突破へ

＊本書は以下の研究成果の一部である。
・関西大学　国際交流助成基金による関西大学と協定大学（ルーベン・カトリック大学）間の共同研究助成・研究課題名「中小企業のＣＳＲと地域社会における変革マネジメント」（Corporate Social Responsibility of SMEs and Change Management at Community）
・文部科学省　科学研究費補助金　基盤研究(C)課題番号：２４５３０４３６・研究課題名「中小企業の事業承継に関する日仏共同研究を通じた事業承継リスクマネジメントの提案」

目次

第三部　日本的リスクマネジメント理論の概要

第一部　日本的リスクマネジメント理論のあゆみ

第1章　海上保険論からリスクマネジメント論へ

本章のポイント

①保険からリスクマネジメントへの脱皮。

③リスクマネジメント論の日本への紹介・導入。

日本リスクマネジメント学会　ソーシャル・リスクマネジメント学会　合同総合部会

日時：２０１５年６月20日（土）13：30～16：30

場所：関西大学　千里山キャンパス　１００周年記念会館ホール

1971年

第1編　海上保険の一般的原則
第2編　貿易と海上保険
第3編　海運と海上保険
第4編　共同海損と海上保険

1974年

第1章　公害と被害者救済／第2章　公害の補償と保険
第3章　海上公害の形態／第4章　海難と海上公害
第5章　油濁の規制と補償／第6章　油濁補償と民間自主協定
第7章　油濁補償の問題点／第8章　海上公害と海上保険
第9章　原子力公害と保険／第10章　赤潮とその救済
A Study of Marine Pollution Damage

第1セッション：海上保険論からリスクマネジメント論へ

（総合司会・亀井克之）　ただ今より、日本リスクマネジメント学会とソーシャル・リスクマネジメント学会の合同総合部会を開催いたします。私は関西大学社会安全学部の亀井克之と申します。本日、総合司会とコーディネーターを務めさせていただきます。

私ども個人や社会にはさまざまなリスクがありますが、それをより良く管理、マネジメントしていくことを研究したり、啓蒙したりする学会が、日本リスクマネジメント学会とソーシャル・リスクマネジメント学会です。日本リスクマネジメント学会は、昭和53年（１９７８年）に、ここ関西大学千里山キャンパスで結成されました。以来、約40年にわたり活動を続けてきました。その創始者であり、そして理論的基盤をずっと築いてこられたのが、関西大学商学部の亀井利明名誉教授です。

本日、特別に総合部会を開催しました。私どもは亀井利明名誉教授の理論をこの学会で活動していく上で精神的なよりどころ、特に理論的なよりどころとしていますが、今年の1月、現実的な話ですが、亀井利明先生は、胃がんを患われていることが判明しました。

さらに、それが他にも転移しているということがわかり、お元気なうちに、ぜひとも学会をと考えました。そして、私たちのように一緒に勉強した方、特に学生として亀井利明ゼミで勉強された方もたくさんおられるので、卒業生の方にも声をおかけして、本日特別にこのような場を設定させていただきました。

今日は、日本のリスクマネジメント研究のあゆみとして、亀井利明名誉教授のいろいろな本、研究内容を振り返ります。最後に、その考え方が現代においてどのような価値があるのかを考える場を持ちたいと思います。

日本においては、日本リスクマネジメント学会がいろいろ研究をしてきていますが、２０１４年はアメリカで保険管理型のリスクマネジメントの本が出版されて50年だったので、それを記念して下関市立大学で全国大会を行いました。今年は、１９２０年代に悪性インフレ下のドイツ企業が**リジコポリティク**（危険政策）を展開するのに影響を与えた**ライトナー**が『**企業リスク論**』を１９１５年に出版してから１００周年です。

そして、フランスのファヨール（注）が、１９１６年に発表した、現代のＰＤＣＡサイクルのルーツである経営管理論の中で、人と財産を守る「保全的職能」論を提唱しました。これが経営学におけるリスクマネジメント研究の最初だといわれています。２０１６年は、ファヨール理論１００周年です。ですから２０１５年は、ドイツのライトナーによる企業リスク論の１００周年、**２０１６年はフランスのファヨールによる保全的職能論の１００周年**ということで、リスクマネジメントの考え方や実践を振り返る数年間と位置付けています。

まず最初に、保険の考え方がどのようにしてリスクマネジメントになったのかを考えてみたいと思います。まず、羽原敬二教授から、保険に関して、どのようにそれがリスクマネジメントになっていったのか、そのあたりのお話を賜りたいと思います。よろしくお願いします。

（注）アンリ・ファヨール（１８４１─１９２５）フランスの鉱山技師・地質学者・企業経営者・経営学者。１９１６年に発表した『産業ならびに一般の管理』は経営管理論の礎を築いた。

第一部　日本的リスクマネジメント理論のあゆみ

第1セッション：海上保険論からリスクマネジメント論へ

基調スピーチ①

羽原　敬二

関西大学政策創造学部に現在おります羽原です。もともとは商学部で亀井利明先生にご指導を頂いた経緯がございまして、本日は、その根幹をなす海上保険について、もともとの流れを中心にお話しさせていただきたいと思います。よろしくお願いいたします。

1　マリン・リスクマネジメントの体系化

亀井先生は、既にご存じのように、学位論文として、『**海上保険証券免責条項論**』という大著を著されています。そして、その後、多くの論文が海上保険約款の解釈論に終始していた中で、そうではなく、マネジメントなど幅広い周辺の商学系の取り組みをベースにした新しい境地を開かれました。特に、海上保険は、昔から冒険貸借といわれていたように、一番大きな特徴は、投機的リスクが非常に大きいことです。海運のマーケットを見れば、用船市場、為替相場、原油相場、景気動向など、全て変動する市況の上に成立っています。しかも世界単一市場の中で生き抜いていくという競争条件の下にあるので、そのような状況に対応する戦略的経営の観点からもアプローチされました。とにかく海上保険約款の解釈論から脱却して、さらなる投機的リスクへの対応というものを広く捉えようとしたことが一番大きな特徴だったと思います。そしてできたのが、マリン・リスクマネジメントの体系化でした。

一般的に伝統的な海上保険の勉強は、英国の書物を読んで行います。有名なものに、**アーノルド**の『**Arnould's Law of Marine Insurance and Average**』という本がありますが、こういうものは全て約款論、法律面からのアプローチであって、それを乗り越えて、経営学の分野の取り組みを何とかできないかということが亀井先生の発想の原点にあったと思います。

特に私どもが勉強したときには、共同海損が亀井先生の最も得意とする研究対象でした。共同海損というのは、general average といいます。大学院の私の知人には、この general average が何か分からず、「一般的均衡」と訳して、こっぴどく怒られた人がいます。Average というのはフランス語から来たのでしょうか、海損という意味です。そういう独特の概念があり、とにかく海上保険は難解なのですが、それに取り組んで、分かりやすく平易に解説するとともに、約款の解釈の域を超えて、マリンリスクを海事に関連する事業者の中で広く捉えられました。今日で言えば、マリンクラスターの体系の中でリスクを捉え、対応するということだったと思います。それがマリン・リスクマネジメントの体系化につながります。今日、私が持ってきているアーノルドの『Arnould's Law of Marine Insurance and Average』は、去年購入したのですが、円安で八万数千円しました。これが英国では版を重ねて17版を数えています。他にもテンプルマンやチャーマーズなどの著作は現在も版を重ねて出ており、伝統的な海上保険の文献として、継続的に出版されています。日本では、アーノルドの翻訳は一回出ただけですが、そういう歴史的な英国の海事産業に精通した亀井先生の発想があったということです。

もう一つは、海上保険そのものは、準拠法は日本の法律ではなく、事故が発生した場合、保険金の支払いにおいては英法に従うということがあります。そこで、英国の法律と法体系、保険の基になっている制度と、保険のシステム、ロイズのシステムを深く研究され、それがマリン・リスクマネジメントの体系化につながりました。

特に、後の方のご報告にもあるかと思いますが、投機的リスクの処理が非常に特徴的な点です。それを踏まえて、保険で管理するような純粋リスクだけではなくて、投機的なリスクを取り入れるという日本独自のリスクマネジメントの概念に直結していったということが言えると思います。それぞれの特徴的な基盤を入れながら、リスクの処理はどうあるべきか、特にマネジメントの視点から独特の見解と見識の下に開拓されていきました。

2　マリン・リスクマネジメントの今後の役割

以上のようなことを踏まえると、今後、マリンからマリタイムということで、いろいろな海事産業について、現在いわれているような海事クラスターの事業分野でも、それが拡大するにつれて、さらに今後、日本の海洋立国としてのリスク対応につながっていくと考えられます。その中で大きな役割を果たすのは、いわゆる投機的危険であるといえます。損害を被る可能性があれば、場合によっては利益を得る可能性もあります。最近は、事業の利益をいかに増やすか、さらに利益の概念として、市場価値を増やしながら、いかに損害を被る可能性を減らしていくかという取り組みに非常に大きな特徴があります。日本の現状から考えても、先見性があったと思われるのは、日本の貿易取引は海上輸送がほとんどで、物資の輸送の99・7％は船舶で行われており、その重要性を認識した上で、さらに大きな展開がもたらされる可能性が十分にあることも、亀井理論、あるいは亀井学派と言ってもいいかと思いますが、こうした広がりをもって、対応できる基盤が形成されたことです。

以上、少し雑駁ですが、海上保険論からマリン・リスクマネジメントへの発展ということで、キーワードを中心にポイントとなる事柄を説明させていただきました。以上で、私の海上保険論からリスクマネジメント論への進展についての話は、終了させていただきます。ご清聴ありがとうございました（拍手）。

（総合司会） 羽原先生、ありがとうございます。ここで、戸出正夫先生からも、どうして海上保険の研究からリスクマネジメントの研究へと移っていかれたのか、そのあたりのお話をしていただければと思います。

基調スピーチ②

戸出　正夫

ご紹介にあずかりました戸出正夫でございます。ただ今、羽原先生がご紹介下さいました亀井利明先生著『**海上保険証券免責条項論**』が、第一回各務賞・著書の部「記念賞」を受賞されました時、それは昭和三十八年のことでございましたが、初めて亀井利明先生にお目にかかりました。以来、今日まで五十二年間、絶えること無きご厚誼を賜りました。ありがたいことと、深く感謝している次第です。私は専門が民法の不法行為法、保険法でございますので、リスクマネジメント論は必ずしも専門ではなく、法的リスク論を展開する程度でございますが、亀井利明先生が中心となって指導されるリスクマネジメント学会やソーシャル・リスクマネジメント学会の運営のお手伝いをさせて頂いております。どうぞよろしくお願いいたします。

ただ今は、羽原先生から、亀井利明先生研究の歩みについて、非常に詳しく、かつ、的確なお話がありました。その点で私が特に付け加えることはございませんが、ここは学会でございますので、少し違う方向からの見方をご披露することもお許し頂けるのではないかと思います。

1　亀井利明先生研究のあゆみ

亀井先生が有名な『海上保険証券免責条項論』を発表されたのは、昭和三十六年（一九六一年）です。これは第一回各務賞・著書の部「記念賞」に輝いた名著です。後になって、買いたかったのですが、古本屋へ行っても、値段があって現物がないという状態が続き、購入できませんでした。値段も高く、まだ給料が三万円あるかないかの時代に、三万五〇〇〇円の値段で、一カ月の給料より高かったと記憶しています。そういう名著です。そこで本日は図書館から借りてここに持ってまいりました。

この『海上保険証券免責条項論』は昭和三十六年六月に出版されたのですが、その年の九月、一〇月、一一月に先生は大変なものをお書きになっているのです。「**企業危険論序説**」です。これはその一、その二、その三で、合計一〇〇ページになろうという大論文です。『海上保険証券免責条項論』は五〇〇ページ超で、「企業危険論序説」は一〇〇ページ弱だから、メインは五〇〇ページ超の著書で一〇〇ページ弱の論文の方はサブではないかと思われるかもしれませんが、「企業危険論序説」はまさにリスクマネジメント論そのものなのです。第一章が企業危険の意義、第二章が企業危険の形態、第三章が危険政策と危険管理です。

海上保険を研究しておられて、初めての本を上梓された年に、リスクマネジメント論の堂々たる論文を発表されているのです。この中を拝見すると、もう一度びっくりすることがあります。ドイツのリスクマネジメントの理論を非常に細かく紹介されているのです。

例えば、先ほどお話にあった**ライトナー**です。一九一五年の『**Unternehmungsrisiken（企業リスク論）**』を精読されて、これを中心に、何と一九二二年のSchmartz、一九二二年のUnger、一九二四年のStein、一九三〇年のOberparleiter、一九三二年のStadler、一九三五年のBuchner、同じくGronau、同じくPink、戦争中の論文で一九四一年のMartin。戦後は、一九四八年のHeimrich、一九五二年のJenni、一九五五年のBussmann、一九五七年のVollmar、これらを読破されて昭和三十六年（一九六一年）に、この論文をお出しになったのです。第一章で、ドイツの**リジコポリティク**を詳しく紹介されて、先ほど羽原先生がおっしゃった投機的危険について詳しく述べられています。

第二章では、英米の企業倒産論を紹介して、アメリカにおけるリスクマネジメントの理論を紹介されています。第三章では、わが国におけるリスクマネジメント論を確立されて、リスクマネジメント論の方向性を明確に論じておられます。これはまさに目からウロコです。これは後で亀井先生に伺ってみたいと思っているのですが、われわれ一般の理解としては、亀井利明先生は海上保険の研究家から脱却して、リスクマネジメントの研究に行かれて、大家になられ、わが国のリスクマネジメント学をリードしてくださった方だと思っているのですが、どうも先生は同時並行的に研究されていますね。少なくとも全体的にはそう見えます。そう思っていますが、先生の修士論文は、海上保険論ではなく、経済論です。それで、昭和三〇年（一九五五年）に博士課程に行かれ、**勝呂弘**先生に師事されたので、海上保険の研究をされています。そのとき、同時並行的にリスクマネジメントを研究されたに違いないと私は思っています。そうでないと、これだけのものが書けません。というわけで、私は亀井先生は海上保険論とリスクマネジメント論の二兎を追って研究されたのではないか、そして、両方とも成功された素晴らしい先生ではないかと思っている次第です。

2　日本におけるリスクマネジメント論の最初の論文

日本におけるリスクマネジメント論の最初の論文は何か。これはなかなか評価が難しいです。確かに、昭和三十二年（一九五七年）二月に、**高木秀卓**（たかぎひでたか）さんという方が、―われわれは敬意と親しみを込めて「たかぎしゅうたくさん」と呼んでいますが―、米国におけるリスクマネジメント概論というものを書いておられます。

Albert H. Mowbray と Ralph H. Blanchard が書いた、『Insurance, Its Theory and Practice in the United States』という書物があります。初版は Mowbray 一人で書いています。第二版は探したのですが見ることができませんでした。第三版からコロンビア大学教授の Blanchard が加わりました。それで第四版になって初めて、パート6でリスクマネジメントという論文が載りました。それを高木先生はすぐに見つけて、それを基に、アメリカにおけるリスクマネジメントの紹介をした紹介論文として、米国におけるリスクマネジメント概論を書きました。そういう意味では、これは最初の論文です。しかし、学術的に、リスクマネジメント論を理論構成したものではなく、米国のそれを紹介し、わが国リスクマネジメント論の行方を示唆したものに止まるのではないでしょうか。そのように見ると、学術論文として、わが国におけるリスクマネジメントの最初の論文は、亀井先生の「企業危険論序説」ではないかと私は考えています。

以上、付け加えさせていただきました。雑駁なお話でございますが、またよろしくお願いいたします。（拍手）。

（総合司会）　戸出先生、どうもありがとうございました。それでは、第一部、どうやって海上保険からリスクマネジメント研究になっていったのか。これをご本人の口からお伺いしたいと思います。海上保険からリスクマネジメントの研究へ至る当時のことをお願いできますでしょうか。

（亀井利明）　皆さん、こんにちは。両先生から過分な紹介を受けました。僕はそんなきれい事ばかりの世の中だとは思っていませんが（笑）。まず、私は、大学院を通じて、経営学、経営概論の勉強をしていました。それで、関西大学に招聘されるときに、「おまえは経営学は駄目だ。保険論だ」、鶴の一声で専門を保険論に変えられてしまいました。そして、神戸大学の大学院の卒業式のとき、大学院の経営学研究科、経営学と書いてある専攻の全教授が出てきて、卒業生12人を送ってくれました。そのときに、みんな私に「何でおまえは関西大学の保険論の担当になるんだ。経営学という堂々たる学問を研究したではないか」と言って、同情してくれました。

それならば、表向きは保険の勉強をして、裏で経営学の勉強をしておけと思って、当時実行したのです。表では海上保険の勉強をし、裏ではドイツのリジコポリティク、企業財務論を勉強していました。そして、博士論文として提出しなければならないのは海上保険の方ですから、『海上保険証券免責条項論』を提出し、同じ年に『企業危険論序説』を出しました。これも本来、本にすべきだったのですが、もし同時に2冊の本を書こうものなら、嫉妬心にかられて、えらい目に遭います。よろしいですか、大学とは、学問の府ではなく、嫉妬心の巣窟なのです。ですから、私は嫉妬のおかげで随分と苦労させられました。その嫉妬を緩和するリスクヘッジのために、嫉妬リスクマネジメントのために、いつの間にか柔らかい人間に転身いたしました。だから、羽原先生、戸出先生がおっしゃったような、きれい事ではないのです。裏を返せば。ただし、お二人の先生方は、どうも本音で物をおっしゃっていません。建前でおっしゃっています。世の中、建前と本音とは、はっきり分離しているのです。本音で物を言うと大変なことになる時代は、建前で言っておく方が無難だ。リスクマネジメントでは、絶対に人の前で本音を口にするなということになります。

私は、海上保険論からリスクマネジメント論に脱皮していったというのは、そんなものはうそです。同時並行的にやっていました。そういうことで、後世の人々が系統立ってものを言うとすれば、そうならざるを得ないということです。どうも（拍手）。

第2章　日本型リスクマネジメント理論の確立と発展

本章のポイント

①世界に先駆けて「投機的リスク」を対象に拡大。

②リスクマネジメントの組織的位置づけの明確化。

③保険管理型・部門管理型・経営戦略型への分類。

④経営者リスク論の展開。

1978 年

第一部　中小企業物語
第二部　リスク・マネジメント
ドイツの危険政策（リジコポリティク）／アメリカのリスク・マネジメント／
動態的危険と静態的危険／リスク・マネジメントの対象危険とその手法／
リスク・マネジメントと経営管理／企業倒産危険の管理／
企業倒産の影響とその原因／マーケティングの機能とリスク・マネジメント
第三部　英国での放浪
第四部　公害と環境問題
第五部　海外ひとくちばなし

1981 年

第1部　リスクマネジメントの基礎
第1章　リスクマネジメントの意義
第2章　企業危険とリスクマネジメント
第3章　リスクマネジメントと経営管理　／　第4章　危険処理の計画
第5章　危険処理計画の実施　／　第6章　リスクマネジメントの諸局面
第2部　リスクマネジメントの展開
第1章　リスクマネジメントの構造
第2章　企業の社会的責任とリスクマネジメント
第3章　環境汚染とリスクマネジメント　／　第4章　倒産危険管理
第5章　マーケティングとリスクマネジメント
第6章　危険処理と危険管理論
第7章　危険処理と危険政策論（リジコポリティク）

第2セッション：日本型リスクマネジメント理論の確立と発展

（総合司会）　続きまして、第2セッションに参ります。いよいよ昭和53年（1978年）、関西大学で**日本リスクマネジメント学会**がつくられて、どんどん本を書かれて、リスクマネジメントの研究に入っていかれました。先ほど羽原教授がおっしゃったように、リスクには**純粋リスク**（事故・災害）と**投機的リスク**（取るリスク）があります。この取るリスクをリスクマネジメントの研究対象にしようということを世界で初めて本格的に主張されました。また、企業でどのようにリスクマネジメントの組織をつくるかは、今から30年ぐらい前の企業は分かっていなかったといわれています。今はリスクマネジメント委員会をつくることが当たり前になっていますが、古い時代からリスクマネジメントはスタッフ組織がいいということをおっしゃっていました。また、リスクマネジメントを現場の保険管理型、ミドルの部門管理型、トップのリスクテーキングを考える経営戦略型と分類されました。最後に、トップにリスク感性がないことが大きなリスクだということをおっしゃいました。

このあたりについて、筑波大学で長く教鞭を執られた白田佳子先生にお願いしたいと思います。亀井利明理論は、企業リスクはいろいろあるけれど、**一番のリスクは倒産リスクだ**とずばりおっしゃったのが一つの価値あるところです。そして、これからプレゼンしていただく白田先生は、企業の倒産予知の専門家であられます。また、本日は入り口を入られてすぐ左側に亀井利明教授の著作、日本リスクマネジメント学会の先生の著作、古いものから置いてありますので、またご覧いただければと思います。

基調スピーチ③

白田　佳子

私からは、経営者リスク論に絞ってお話をさせていただきます。先の保険論の話は、私にとっては非常に遠い世界の話で、ましてリスクマネジメントの保険管理とは全く関係のない世界で生きていました。

1　最初に巡り合った亀井先生のご著書

ところがある日突然、ある著書に出会ったのです。１９９２年に中央経済社から出た『**リスクマネジメント理論**』です。その後、亀井先生はたくさん本を出されているので、この他にもたくさんあるのですが、たまたまある書店で立ち読みをしていたら、この本に巡り合いました。とても立ち読みできるようなサイズの本ではなかったので、もちろんなけなしのお金を出して買って、隅から隅まで読みあさりました。もちろん今、お話があったような保険論の部分も触れてはいますが、総合的には亀井先生のリスクマネジメント理論を展開しているご著書でした。私は今、大学にいますが、かつては企業に勤めていて、しばらくして起業しました。外資系企業に勤めていたときは、与信管理、取引先チェックなど、かなりルール立ったものがあったのですが、日本の会社は何て甘いのだろうと思いはじめたころ、この著書に出会いました。

私はその後、**企業倒産**を研究しているのですが、この本の中に、「企業が経営難に陥る際には、手形の不渡りや、支払不能といった事故が突然発生するのではなく、必ず事前に先行原因としてペリルやハザードが存在するはずであり、それらのペリルやハザードの管理、事前処理が適切になされないために事故に至ってしまうのである。リスクを発生させる各種要因の管理が重要である」と書かれていました。そこで私は初めてペリルやハザードという言葉を知りました。後でお金で代替されても失った信用は取り返せない、事前処理が適切になされていないから、最終的に自己破たんに陥る。リスクを発生させる要因を管理することが大切だということです。

私はなるほどと思いました。例えば、「ある日突然、競争相手がやってきました。安価ないい製品が中国から来たので、うちの会社は倒産しました」。いやいや、1～2日ではやってきませんよね。当然、兆候というものがあるはずです。「倒産は、企業外要因と、企業内要因が複雑にからみあって発生する」。当然でしょう。「しかし、**真の要因は、企業の外部というより内部にこそ探されなければいけない**」。この著書には、内部に問題があるだろうと書かれていたのです。なるほど、これを研究しなければいけないと思って、サラリーマンをしていた私は、そのときから大学に入って、一から勉強しはじめたのです。

2　企業倒産と企業経営

会社は倒産するとき、当然、最後にお金がなくなります。でも、ある日突然お金がなくなるわけではなくて、よく「販売不振でした」と理由を言うのですが、1日で販売不振は起こりません。1日の販売不振で会社は倒産しません。市場で要求されるような商品をきちんと作っていたのか、マーケットを見ていたのかという遠因があるでしょう。お金がなくなるのは、お金の回収ができなくなるからですが、ある日突然、取引先からお金が回収できなくなって倒産するわけではありません。蓄積や予兆を見ていなかったのかということになるでしょう。当然、経済的な要因もあります。でも、アベノミクスが良い方に働いているか、悪い方に働いているか、1～2カ月では分からないですよね。そういった予兆があるでしょう。もちろん経営者がこれらの意思決定を司っているわけで、亀井先生がおっしゃる内部要因のところですが、多角化が失敗するとか、経営が失敗することもあるでしょう。しかし、「ルールは俺が決めるんだ」という放漫な経営管理が全ての遠因になっているであろうということを、私は亀井先生のご著書から学びました。

亀井先生のバックは会計系です。私もずっと会計系で勉強したので、それを定性的な数字で読むことができないかと考えて、会計的な面から私は指標を抽出して、モデルをつくりました。

3　倒産企業のパターン

何が背景になっているかを数字から読み解くと、バブルのときは、実質的にはもう資本がないとか、危ない状態になっているのに、取引先に「お願いですから、支払いを延ばしてください」と言う行動が信用不安につながりました。バブルの後は、マーケットに合ったものをきちんと作り続けていればいいのですが、市場が冷え込んだときに、売れないものを作り続けて、在庫がたくさんたまっていたのに、気が付くのが遅いと、「最近売れていないよね」という信用不安が広がって、結局、資金調達が難しくなり、経営破たんに至ります。実はどの時代も、亀井先生がおっしゃるように、内部管理の問題だということが明らかになってくるのです。

亀井先生の本の中でこれぞ企業だと言うのは、「企業倒産の責任を不況のせいにするのは、天気予報を聞いていない船長のようなもの」という言葉です。亀井先生のご著書に書いてあり、まさにそうであると思いました。リスクはなかなか回避できませんが、経営管理、つまり、天気予報をよく見ること、感性を持つことで、リスクから発生する損を最小限にできる、軽減できる、倒産の発生を抑えることができるだろうと私は学びました。

亀井先生を追い続けて20年以上たっていますが、まだまだひよっこということで、これからもよろしくご指導を頂きたいと思います。以上です（拍手）。

（総合司会）　リスクマネジメントが安全管理、あるいは保険の上手な販売の仕方だと考えられていた時代に、そうではないのだと言ったり、事故・災害だけではなく、取るリスクをリスクマネジメント研究の対象にしようと言うのは非常に勇気の要ることだったと思います。どのように日本の経営学の中にリスクマネジメントという考え方を導入されたのかをお話しいただければと思います。

（亀井利明）　ありがとうございました。今から二十数年前に専修大学で日本リスクマネジメント学会関東部会があり、24～25人いらっしゃいました。そのときに見たこともないような、映画俳優顔負けの女性が座っていたので、びっくり仰天しました。ここは東京で太秦撮影所はだいぶ遠いのに、何で京都からあんな美人の学者を連れてきたのだろう、上田先生もなかなか支度が多いなと思っていました。それが白田先生です。白田先生はそのころ、倒産に関連するいろいろなことを勉強されていて、リスクマネジメントに興味を持たれて、この学会に入ってこられて、いつの間にか倒産論の日本の最高権威者に収まってしまい、私なんかが遠く及ばないところに行かれてしまいました。昨今では法制審議会の委員をやっていらっしゃいます。法制審議会の委員というのは、ちょっとした委員とは違うのです。官庁の局長以上のクラスで、次官と局長の間ぐらいのポストなのです。しかも、法律の学者ではない、経営学の先生が法制審議会の委員、これはものすごく立派なポストです。ですから、本来なら、もう少し自慢して威張ってもらってもよろしいのですが、本人はなかなかあけすけです。東京の女性で、関西の女性とは少し違うのですが。個人的な話はこの辺にしておきます。

言いたいことは、**リスクマネジメントの起源**は二つあるということです。一つは、**第1次世界大戦後のドイツのリジコポリティク（危険政策）**です。これはインフレにおける企業防衛です。従って、純粋リスクでも投機的リスクでも一緒にマネジメントするということです。もっとも、ドイツ語にはマネジメントという言葉はありません。ポリティクという言葉です。昨今のドイツのリスクマネジメントは、リジコマネジメントなど、英語とドイツ語をちゃんぽんにしています。

もう一つの起源はアメリカです。**1930年の世界大不況**のときに企業倒産を防止するために経費の節減をしなければいけないということになりました。経費の中で一番節減可能なものは保険料と広告費なのです。従って、消費者の満足のいく保険、レディメイドの保険ではなくて、オーダーメイドの保険を作るべく、アメリカの企業経営者は約款も料率も自分たちで決めようとしました。それに対して保険会社は圧力を加えました。そして、**保険管理としてアメリカのリスクマネジメント**が登場しました。従って、アメリカは純粋危険のみのリスクをマネジメントしていたのです。投機的危険のマネジメントはとんでもないということでした。

私はアメリカのペンシルベニア大学のウォートン・スクールに留学して、アメリカは何と遅れているのだろうと思いました。私が「企業危険論序説」を書いてから18年もたっているのにもかかわらず、いまだに純粋危険のみなのです。羽原先生の恩師の博士は、投機的危険などはマネジメントの邪道であるとだいぶ怒られたと聞いています。羽原先生がアメリカで**ボーン**（Vaughan）さんのところに行っていて、私はボーンさんをよく知っていますが、そういう時代でした。アメリカは徹底的に損害のみを発生するリスクのマネジメントだということで、投機的危険のマネジメントは全然取り扱いませんでした。そういう時代で、私は40年も前に言っているのです。アメリカは何て遅れた国だと思いました。何を勉強したらいいのか。海上保険は全然駄目、リスクマネジメントも駄目なので、アメリカ留学中にアメリカを飛び出して、周辺の国々を飛び回って、遊び回っていました。私は何と金持ちだと思われたらしいですが、貧乏旅行でどこへでも行けます。

そういうことで、アメリカのリスクマネジメントは日本より遅れています。従って、ボーンさんの本の中に私が書いた論文がきちんと引用されています。日本のリスクマネジメントがアメリカに影響したのです。ドイツから学んだものだけれど、アメリカに行っているわけです。アメリカ人は偉そうなことを言っても、ドイツ語、フランス語が読めないのです。日本人は話すのは下手だけれど、われわれの時代は英独仏、３カ国語やらないと駄目でした。今ごろは2カ国です。下手をしたら、英語も読めない人が博士号を取ります。とんでもないです。そういう時代なので、昨今の学者はあまり信用できません。大学の先生も昔の中学校の先生並に堕落しています。われわれのころは厳しくしつけられました。目が腫れ上がるほど、外国語の勉強で泣かされたものです。

私はドイツ語の会話はしたことなかったけれど、ドイツへ行って、困りませんでした。英語では絶対に通用しないけれど、ドイツ語、フランス語は片言で十分に通じます。だから、日本人は英語だけ勉強しないで、ドイツ語やフランス語を勉強してほしいと思っています。昨今のドイツのリスクマネジメントも、だいぶアメリカの影響を受けています。意思決定や何だかんだと言いだしています。私もアメリカにだいぶ汚染されて、人の悪口を言い過ぎて天罰が当たって耳が遠くなって、あの世へ逝きかけているのが現状です。どうも、横道に逸れました（拍手）。

（総合司会）　本日は亀井利明ゼミナールの卒業生の方も多くお越しです。初期のゼミ生の方は恐らく保険論ということで、ゼミの教育活動、研究活動を受けられていたと思います。さらに時代が進むと、リスクマネジメントのゼミで教育研究を受けられたと考えますが、いかがでしょうか。初期のゼミの方は、その後、こういう研究に移っていかれたのかと思われたでしょうし、その後のゼミ生の方は、かつてはこんな研究をされていたのかと思われたと思いますが、どなたか何か感想やコメントはございませんでしょうか。皮切りに本日の亀井利明ゼミ卒業生の取りまとめをしていただきました八木晋一さん、ひとことお願いいたします。

（八木晋一）　ゼミ生63年卒の八木と申します。私がゼミのときは、先生がイギリスに勉強に行かれたときで、ゼミは1年なかった感じでした。先生に言われたのは、保険料と保険価額・保険金額と保険金の違い、保険者・被保険者など、最低のことだけ覚えろということで、リスクマネジメントの勉強はあまりしませんでした。先生とよくフタバボウルに立ち寄った記憶が残っているぐらいで、勉強の記憶があまりなくて、すみません。

（総合司会）　八木様に皮切りをしていただきましたので、他のゼミ卒業生の方から一言お願いいたします。

（山口辰雄）　57年卒の山口です。私の時代は八木さんより5年さかのぼっていて、当時、亀井ゼミは、商学部では結構人気のあるゼミで、私は違うのですが、そこに入るのはなかなか優秀な学生でした。ゼミで使っていたのは、『**リスクマネジメントの理論と実務**』という本です。ダイヤモンド社から出ていました。それを使って2年間勉強したと記憶しています。ただ、勉強よりも、処世術や本音と建前の生き方などを先生にはしっかりと教えていただいたということばかり記憶しています。

（五島治郎）　昭和56年、亀井ゼミ卒業の五島と申します。いつも先生には胸を突くような的を射た痛快な言葉を頂き、随分と勇気を頂きました。ありがとうございます。同時に、以前、保険会社に入りまして、胸にぐさりと突き刺さるような、もう立ち上がれないのではないかという鋭い指摘も頂き、随分勉強させていただいたことに大変感謝しております。

少し場違いかもしれませんが、一つ質問がございます。昨今、日本年金機構で年金情報が１２０万件漏えいするという事件がありました。折りしも、マイナンバー制の導入が決定されたところですが、私は国民の危機であり、国家の危機になるのではないかと危惧しています。どのように危機を突破していけばよいのか。また胸のすくような痛快なコメントを頂きたいと思います。よろしくお願いいたします。

（亀井利明）　山口君は第百生命、五島君は富士火災でしたね。私の大学の教授時代は、生命保険会社に行く人は第百生命、損害保険会社へ行く人は富士火災と。残念ながら、第百生命はちょっとうまくいきませんでした。これは申し訳ないことをしたと思っています。まさか生命保険会社が倒産するとは思っていなかったのです。富士火災も倒産こそしていませんが、このごろ、あまり旗色が良くないですね。誠に残念です。大体、東京マリンという会社がいかがなものか。東京海上日動はいろいろと合併してみたり、アメリカの巨大なところを買収したりしています。東京海上は世界に冠たる海上保険会社のくせに、このごろは海から陸へ上がってしまって、空にも行ってしまったり、とんでもない会社です。

私が申し上げたいことは、年金の問題もさることながら、日本の年金市場を狙っているのは、アメリカの保険会社だということです。日本の医療業界を狙っているのは、アメリカの生命保険会社です。日本の国民健康保険をつぶして、自分たちの営業縄張りにしてやろうと虎視眈々と狙っているのです。だから、アメリカが日本に友好的な国だと思ったら大間違いです。経済的に日本を一番侵略したのはアメリカなのです。柄の悪い、武力をもって侵略してやろうと目論んでいるのは隣の国々ですが、アメリカだって経済的に侵略しようとしているのです。トヨタの重役ですら麻薬で捕まっています。そんな駄目な経営者を雇っているのです。

外国人で日本と親しく付き合うというのは、多くは不良外国人です。日本を食い物にしています。また企業の経営者イコール悪人です。それは後の話にしますが。私は大学院の時代から、人の悪口を大いに言え、天罰は食らったらよろしい、その代わりに自分が悪口を言われても黙っておけという教育を受けてきました。神戸大学の経営学部を初めてつくった平井泰太郎先生の言葉です。経営学の保険論といったら海上保険をやれ、リジコポリティクをやれと指示されたのもその先生です。私はその先生をいまだに尊敬しております。「人の悪口は大いに言え」と。「言うな」というのが正しい在り方です。だけれど、学者である以上、言いたいことは言えということを教わりましたので、ここで謹んで、五島君に対しては申し訳ないと謝っておきます。話を横道に逸らしたようですが、元へ戻します。

第二部　日本的リスクマネジメント理論の現代的意義

第3章　心の危機管理とソーシャル・リスクマネジメント

本章のポイント

①心理学・カウンセリング論との融合。

②リスクマネジメントにおける社会的連携の意義。

危機管理カウンセリング
亀井利明
RCC
日本リスク・プロフェショナル協会

1999年

第1章　コンサルティングとカウンセリング
第2章　リスクマネジメント・カウンセリングの展開
第3章　経営者の性格危険とカウンセリング
第4章　リスクマネジメントの新展開
第5章　リスクマネジメント余話
第6章　経営戦略と起業危機管理
第7章　危機管理カウンセリングへの道
第8章　リスクマネジメントと危機管理カウンセリングに関連する参考文献

ソーシャル・リスク
マネジメント論
亀井 利明
日本リスクマネジメント学会

2007年

第1章　ソーシャル・リスクマネジメントの意義
第2章　ソーシャル・リスクの形態
第3章　ソーシャル・リスクと心の危機管理
第4章　欲求不満社会の危機管理
第5章　人権侵害リスクと危機管理
第6章　犯罪リスクと危機管理　／　第7章　鉄道事故と危機管理
第8章　リスクへの挑戦とその処理
第9章　経営者リスクと心の危機管理
第10章　中小・中堅企業のリスクマネジメント
第11章　内部統制とソーシャル・リスクマネジメント
第12章　損失の危険の管理に関する規程
第13章　ソーシャル・リスクマネジメントの要約

第3セッション：心の危機管理とソーシャル・リスクマネジメント

（総合司会）　さて、今、ゼミの方からお話を頂きましたが、保険論、リスクマネジメント論と進んでまいりまして、次は第3セッションです。亀井先利明先生は、１９９９年に大きく研究の対象のかじを切られました。それまではどちらかというと、物がつぶれた、保険金が出る、金がなくなった、どうするのだろうという、モノ、カネのリスクマネジメントでした。１９９９年に『**危機管理カウンセリング**』という本を出されて、心理学、人、心のリスクマネジメントについても、業績を残されるようになりました。これは１９９９年以前のゼミの方の教育や研究にはなかったことではないかと考えます。

心の危機管理、さらには、心の危機管理を起点にして、ソーシャル・リスクマネジメント、家庭危機管理、メンタルヘルスなどの方向に進んでいかれたので、第3セッションはその話を中心にしたいと思います。上田先生、お願いします。

基調スピーチ④

上田　和勇

（上田和勇）　皆さん、こんにちは。亀井利明先生は、２００４年ごろから**ソーシャル・リスクマネジメント**という考え方を示しておられます。現在、リスクが非常に多様化、社会化、国際化、巨大化しています。先ほどの年金情報の漏えいもそうです。これをソーシャル・リスクと位置付けて、そのリスクマネジメントの方向性などにつきまして少しお話しし、後半は、私と亀井利明先生との長い間の交流についてお話しさせていただきます。

1　ソーシャル・リスクマネジメントという考え方

まずソーシャル・リスクという用語は、亀井先生は今から約11年前の２００４年から使われています。著書では２００７年に『**ソーシャル・リスクマネジメント論**』という本を刊行しておられます。現代社会は、ソーシャル・リスクが蔓延しています。それに対して、どういうリスクマネジメント手段を用いていくかが非常に重要です。企業のみ、国のみ、コミュニティだけでは無理です。効果が上がりません。そこで亀井先生は、企業、コミュニティ、個人、行政、学校、家庭が相互に連携して、ソーシャル・リスクに対応していかなければいけないという考え方を示しておられます。この連携というのが非常に重要だと思っています。

リスクマネジメント手段をどう使うかが、リスクマネジメントの中で非常に重要なことです。通常はリスクを軽減する、制御するという**リスク・コントロール**が概念としてあります。もう一つ、**リスク・ファイナンス**という考え方があります。例えば、純粋リスク、あるいは、保険で転嫁できるものは保険料を積み立てて対応しようではないかという考え方、これにあたります。この二つがリスクマネジメント手段の二本柱です。

亀井先生が言われている、相互にさまざまな地域や企業、国が連携していくという点で、連携を具体的にさせるものとして、私は**ソフト・コントロール**という考え方を近年主張しています。それとよく似た概念に、ソーシャル・キャピタル（社会関係資本）という考え方があります。簡単に言うと、要するに、企業と企業が連携する、企業と地域が連携し、**相互の信頼、絆などを醸成しておくことがソーシャル・リスクへの対応力になる**という考え方です。リスクが巨大化していけばいくほど、個人や一企業でリスクに対応するのは不可能になります。効率が悪いです。そこで、連携ということは非常に重要な考え方であり、実際、リスクが巨大化すればするほど、東日本大震災のときもそうでしたが、連携することによって、命が助かる、あるいはコミュニティが復興をより早めることが可能になっています。

このあたりの事例については、既に学会誌や著書でも発表していますが、例えば、トヨタが東京電力と提携して、東京電力の発電能力が失われた場合、トヨタの工場で電力を起こし、それを地域に送るということも実際上、連携してなされています。これはソフト・コントロールの一つの事例です。

ですから、これからは企業が他の企業と手を結ぶ、いいかえれば、「昨日の敵は今日の友」という考え方でリスクマネジメントをしていく、いわゆるソフト・コントロールが非常に重要になってくるのではないかと思っています。もちろん、マニュアル、チェックリスト、地震であれば防潮堤、防波堤など、ハード面もありますが、それだけでは効果が十分ではありません。情報漏えいにしても、セキュリティ・チェックだけでは十分ではありません。そこに情報の共有、**信頼感の醸成などを核とするソフト・コントロール**というものが入ってこなければいけないという考え方を持っています。

2　亀井利明先生との思い出

今日の学会は、亀井利明先生のこれまでの研究、これまでの業績についてみんなでレビューし、もう一度、原点に戻ろうという考え方だと思っています。そこで私は、学会の場ではありますが、亀井先生との交流に関して、後半、少しお話をさせていただき、亀井利明先生の人となり、そしてリスクマネジメント研究との関係などについてお話させていただきたいと思います。

亀井先生のご趣味の一つは、皆さんよくご存じだと思いますが、ゴルフです。私は大学を卒業して安田火災に入り、2年間で辞め、また大学院に行って、その後、大学に奉職し、35歳のときにゴルフを始めました。亀井利明先生は47～48歳でゴルフをお始めになったのではないでしょうか。とにかく何度もご一緒にゴルフをプレーさせていただきました。ゴルフはまさにリスクマネジメント・ゲームです。

例えば、阪神カントリークラブでのプレー、東北福祉大の学会の後のプレー、いろいろな思い出があります。東北でのゴルフで先生は97というスコアを出しておられました。先生はいつも非常にプレーが早いです。素振りかなと思ったら、もう打っておられます。つまり即断です。意思決定が非常に早いのです。状況把握の速さと迅速な判断は重要なリスクマネジメント力です

それから、ゴルフに関する川柳も多いです。一つご紹介します。「今度こそ飛ばすつもりがティーが飛ぶ」。ボールももちろん飛んだのでしょうが、ティーも先へ飛んでいったということでしょう。岡山商科大学での学会の後、ゴルフのプレーをした記憶があります。その時の状況を読んだ先生の詩歌句がございます。「ウリボウが、親子で見てる、ティーショット」。ウリボウというのはイノシシの子どもです。当日のことを今でも思い出しますが、われわれがティーグラウンドに立つと、イノシシの子どもがいました。先生は、すぐに我々にこう言いました。「絶対に子供に触るな、近づくな。近くに親のイノシシが必ずいる。危ない」と。この4月にもご一緒したいと思いまして、大阪の方にやってきましたが、あいにくの嵐でゴルフができませんでした。残念です。また

ぜひご一緒できればと思っております。

いずれにしましても、亀井先生はゴルフもそうですが、何事にも一生懸命で、熱い思いがほとばしっておりま す。研究、創作活動、全て、まさに先生の共通の行動習性といいましょうか、何事にも挑戦をする先生でした。リスクを負担しながら、人生を送る。そこには苦労、気遣い、心配もあったでしょうが、持ち前のバイタリティで突破してこられました。

私は、リスクマネジメント学会はドクター1年のときに入会しました。亀井先生は大学をご卒業後、大正海上に就職されました。私も大学を卒業して、安田火災（現、損保ジャパン日本・興亜火災）におりました。そこを辞めて、私は大学院に行きましたが、亀井先生も損保会社をお辞めになって、大学院に行かれました。年の差は20年ございますが、非常に似たような経験をされたという思いを持っております。

亀井先生の研究の発展段階は、マリン・リスクの方から入られたわけですが、それから企業のリスクマネジメント、さらにはソーシャル・リスクマネジメントというように変遷されています。私自身も保険論を大学で担当していますが、保険では、ストレスのマネジメントはできません。保険は心の危機は救ってくれません。保険はロス発生後の事後的・経済的な対応です。もっと大局的なリスクマネジメントということを私も考えていました。亀井先生は10年ほど前、「大学の授業の保険論は将来なくなるだろう。多分、リスクマネジメントがそれに取って代わるだろう」と言われていましたが、現に、いくつかの大学ではそうなっていますし、今後、そういう傾向が増えると思います。

いずれにしても、１９７8年に**日本リスクマネジメント学会**が設立して、もうすぐ40年近くになります。皆さん、組織が10年以上存続する確率は、統計によると、わずか約６％です。わが学会は約38年。亀井利明先生も、一つの組織が30年以上存続するのは大変だ、よくやってきたということを私に言われたことがあります。しかし、今後、われわれ若い者には、このリスクマネジメント学会をさらに発展させる義務がございます。生かすも殺すもわれわれ後輩に課せられた仕事だと思っております。もちろん皆さまの協力がなければ、やっていけません。ですから、学会の場ではありますが、今後ともリスクマネジメント学会にご協力を頂きたいと思っております。

亀井利明先生、本当に長い間、ありがとうございました。今後とも引き続き、ご指導をお願いしたいと思います（拍手）。

（亀井利明） それでは少しコメントさせてもらいます。上田先生とは、駒澤大学の石名坂先生の紹介で、25年ぐらい前、浅草の安物の飲み屋で知り合いました。そのときに、「保険論を担当しておきながらリスクマネジメントなんかやったら、えらくいじめられるぞ。いじめられることを覚悟の上でやるのか。けんかならいつでも買ってやるという態度でないとやれないぞ」と言いましたが、やり抜いたのですね。やり抜いて、昨今では企業価値論、企業倫理論など、心理学的な要因を取り入れた独自のリスクマネジメント論を形成されて、私は非常に感心しています。

そして、彼とは意見の合わないところが幾つもあるのですが、なかなか斬新、しかもユニークな学説を唱えられていて、日本のリスクマネジメント学者の第一人者と言っても差し支えない先生です。ちなみに申しますと、今、日本リスクマネジメント学会の会員は一流の学者をそろえていますが、上田先生、白田先生、赤堀先生、亀井克之などはそうそうたるリスクマネジメント学者です。日本にリスクマネジメント学者と威張っておられるのは、それ以外におりますか。いるなら手を挙げてください。絶対にいません。それ以外にいるとしたら、青森にいらっしゃる大泉先生で、危機管理論の専門家です。危機管理論とリスクマネジメントは少し違うのですが、おおむね一致しています。危機管理論で最も古くから主張を展開されているのは警察官僚である佐々淳行さんです。立派な危機管理論の実務を展開されています。

それはそれとして、先ほど言いました石名坂先生はどういう先生かというと、初期のリスクマネジメント論の関係をしていたのは、私と明治大学の森宮氏、富山大学の武井先生、それから石名坂先生で、森宮、亀井、武井、石名坂の４人が日本リスクマネジメント学会の創設者なのです。今日まで生きていますが、もうぽんこつで使いものにならなくなっています。だから、上田先生をトップにして、日本リスクマネジメント学会にはこれからますます進展していってほしいと思います。

心理学の要因は絶対にそこに入れてほしいと思います。そして、経営管理論と心理学とは親戚関係になります。そして、リスクマネジメント学会が創設されて10年後に心理学者が日本リスク研究学会というものをつくって、大威張りに威張っています。大体、心理学者が書いた本を読んでください。「武井が」「石名坂が」「亀井が」と、人の名前を呼び捨てにしています。そんな失礼なことがありますか。「人のことを呼び捨てにするほど、おまえは偉いんか」と、私はいつも心理学の本を読んで反発を感じています。私は自分よりはるかに年下、孫のような人の本を引用する場合にも、「誰それ氏は」という敬称を付けています。それに対して、心理学、心の勉強をしている連中が、人の本を引用するときに、なぜ「山田は」と呼び捨てにするのか。自ら心理学を勉強し直せと思っています。ですから、心理学者の本はあまり引用したくありません。

けれども、アメリカの心理学はよろしい。私はペンシルベニアのウォートン・スクールで勉強していて、勉強することがないから、仕方がないから心理学の授業を聞いていました。話は半分しか分かりませんでしたけれど。

アメリカの大学の授業を聞いて、70％分かる人はまあいません。私は正直、半分しか分かりませんでした。医学用語が入ってくるせいもありますが、アメリカ独特の英語で分かりにくいのです。それでも英語の勉強をする際は、自分の専門以外の授業を聞くに限ります。そして、ウォートン・スクールでは心理学、社会心理学以外に日本語の授業を取っていました。これはよく分かりました。日本語の授業を日本人が聞いていて、先生は嫌な顔をしていましたが、「私は大阪生まれ、大阪育ちで東京弁は知らんのや」ということで聞かせてもらって、大いに勉強になりました。

話が横道に逸れました。上田先生、今後ますますご壮健で、日本リスクマネジメント学会をリードしていくようにお願いしたいと思います。ありがとうございました（拍手）。

（総合司会）　1999年以来、心の危機管理という方向に少し進まれたわけですが、リスクマネジメント学会の姉妹学会として、家庭危機管理学会がつくられました。家庭危機管理学会は名前を変えてリスク・プロフェショナル学会となり、今は**ソーシャル・リスクマネジメント学会**となっています。

では、心の危機管理、家庭危機管理のことについて、関本様、一言いただけますでしょうか。さらに、ソーシャル・リスクマネジメントということで、少年犯罪、一般犯罪のことも学会で研究されるようになりましたので、大阪府警におられた竹本さんにもお話ししてもらおうと思います。では関本さん、よろしくお願いします。

（関本蘭子）　ただ今ご紹介いただきました、家庭危機管理研究所の関本でございます。私は亀井利明先生と出会ってから、家庭危機管理という研究をしてきました。今、実践を続けているのは、先生のおかげだと思います。

しかし、世の中には「連携」という言葉が飛び交っていますが、少年や最近の家庭問題の実践をしていると、連携という言葉では非常に甘っちょろいと思います。私たちはこの子どもをどのように救ってあげようか、どのように問題を解決してあげようかという、まさしく修羅場の実務の中にいるわけです。

そのおかげで、このように研究会の中で、いろいろな先生方のご指導を頂きながら現在があるのですが、亀井先生に出会えたおかげで、私は家庭危機管理理論プラス、今、一歩、二歩進んで、犯罪学や共生社会学、共生心理学というところまでたどり着きました。それはこの学会に出会ったおかげで、私は次に進んでいこう、もっともっと勉強していこう、そして、地域のために、この家庭危機管理のことを一人でも多くの人たちにどうにか理解してもらいたいという思いでいます。これからも先生の御恩を忘れることなく、もっともっと勉強させていただきながら、地域の人たちのために、そして、将来、必ず納税者として立派な子どもを育てるために、私は実践を続けていきたいと思います。今日はありがとうございました（拍手）。

（総合司会）　関本様、ありがとうございました。続きまして、竹本様からもコメントをお願いします。竹本様は現在、関西大学社会安全学部で犯罪抑止論を担当されておられます。

（竹本恒雄）　竹本でございます。今、ご紹介いただきましたとおり、現在、関西大学の社会安全学部で犯罪論、犯罪抑止論を中心に授業をしています。今回は、ソーシャル・リスクと心の危機管理に関連してと言われましたが、犯罪論を教えていますと、どうしても先ほど出ましたとおり、犯罪者の心理、さらに少年の犯罪の心理が中心になってきます。

それはさておいて、私の亀井利明先生との出会いは平成7年で、奈良で全国大会があり、そのときに入会させてもらって20年たちます。その間、いろいろとご指導を賜りました。そういう過程の中で、先ほど上田先生から出ましたとおり、当初は危機管理ということでしたが、2004年ぐらいからソーシャル・リスクという方向に変わってきて、非常に広い範囲になってきました。これも亀井会長のおかげだと思います。

その前に、先生の本を学生に紹介するときの3部作を紹介します。一つは『**リスクマネジメント総論**』です。これはOBの方々も長年使われたと思いますが、非常に名著です。そのときは、危機管理はある程度限定されていましたが、その後、『**ソーシャル・リスクマネジメント論**』が出ています。それだけ範囲が広くなってきたということです。その後、最近になって『**危機管理とリーダーシップ**』という本が出ています。いずれも大きい本屋などには置いてあります。亀井克之先生は学生にこれを使って授業をされています。亀井利明先生との共著になっています。そのようなところで、まずこの本を紹介しました。なぜ紹介したかというと、ぜひとも購入していただいて、見ていただければ非常にいいだろうと思ったからです。

そういうところで、本論に入ります。ソーシャル・リスクと心の危機管理ということになりますが、危機管理の範疇には、最初は心の危機管理は入っていなかったと思います。ところが、経営学が危機管理論に当然関わっているので、その過程の中で、先ほど亀井先生が少し言われたように、心理学と一体となって心の危機管理をソーシャル・リスクで捉えられています。そういう中にあって、最近の例を一つ見ても、先ほどOBの方から出ましたが、犯罪を見ても、非常に複雑化しています。日本の年金機構や、東京証券取引所の個人情報が流出しました。マイナンバーも制度として施行されますが、そこに問題があるということが言われるであろうと考えます。そういう中にあって、これは企業の経営者の問題になるのですが、東芝、住宅設備会社のＬＩＸＩＬ、東洋ゴム、ましてや、ここでも経営という一つの問題点があるわけですが、経営者自体の中にある問題としてクローズアップされたのがトヨタ自動車です。トヨタ自動車を調べると、会長以下役員は59名います。その中で常務役員は31名です。そのうちの1人のアメリカ国籍を持っている、広報担当の人が麻薬を密輸入した罪で逮捕されているのです。トヨタはさすがでありまして、すぐさまメディア対応として、昨日、社長が頭を下げました。これをどのように処理するかという問題が出てくるのですが、そういうことも含めて、人が心に非常にストレスを抱えながら、また、いろいろな悩みを抱えながら、仕事をしていることに一つの問題があるのではないかと思います。

その背景には、経済成長、産業構造の急激な変化による消費者生活の多様化と高級化、さらに少子化・高齢化が生活環境の大きな変化を生み出したことがあると言えるのではないでしょうか。そして、労働環境の変化、所得格差の拡大、外国文化の輸入、高度な情報化、ＩＴ化の結果、至る所に好ましくない社会文化が発生し、犯罪と破壊を助長し、安全な国から危険な国へと変質していきました。リスクは家庭や企業から地域社会へと、質的変化、量的拡大をしました。人々が大なり小なりのストレスやフラストレーションを抱える、ソーシャル・リスク充満の社会に生きているということを亀井会長は著者の中に書かれていますが、まさにそのとおりだと思います。そういうところでいろいろな問題が出てきています。家庭の問題もあれば、地域社会の問題もある中で、ストレス、フラストレーションを爆発させて、心の病となり、それがいろいろな特異な犯罪に関わっていくということが言えるのではないかと思います。現代人は大なり小なり、心に問題を抱えているということが言えるのではないでしょうか。心の問題を抱えることが一般化した社会は、心の危機の社会だと言われています。このような社会では、個々の心の危機管理だけでは不十分で、社会全体のリスクとして把握して、ソーシャル・リスクマネジメントの問題として取り組んでいくべきではないかと結論付けて、いろいろ研究されて、本を書かれています。まさにそのとおりだと思います。

（亀井利明）　大阪能率協会という団体がございます。これは1年半に一回ずつＲＭ講座というものを開設していただいて、リスクマネジメントを勉強していただいて、レポートを提出していただいて、学会の公認の資格を付与する制度を20年ぐらい前から行っています。それの2回目か3回目のときに、ある女性が、うーうーうなりながら、一人で私の話を聞いているのです。どこのお嬢さんかと思ったら、何とそれが関本さんです。そして、彼女はいろいろ質問するのですが、歯車が合いにくいので、後でお会いしていろいろ話しました。

彼女はそのとき、カウンセリングに凝っていまして、私はカウンセリングのことを知りませんでした。ただし、アメリカでの心理学での勉強で、いわゆるロジャーズのカウンセリングは知っていました。そんな話から、大阪経済大学の学会後の懇親会の席上、私は彼女に捕まり、「**リスクマネジメントにカウンセリングの理論を導入したらどうか**」という提案を受けて、不意打ちを食らったような感じでした。「なるほど」と思って、それから急速に心理学の勉強を始め、カウンセリングの勉強を始めました。

その基本になっているのは企業の経営者です。**企業の経営者は裸の王様で孤独で、意思決定なり決断を下すに当たって心の危機、フラストレーションやストレスを随分と強く感じる、非常に癒しを求める人々なのです。**アメリカの企業経営者は、月に一遍ずつカウンセリングを受けに行くことがステータスシンボルになっています。日本の企業経営者は、大体、料理屋へ行って芸者相手に騒いでいることが癒しなのです。そういう違いはありましたが、とにかくストレスやフラストレーションを解消するためには、経営労務の人事管理の理論と心理学の理論の両方が要るということで、私は人事管理をあまり好まなかったのですが、急きょ勉強して、心の危機管理や危機管理カウンセリングなどを言いだしたのです。そうしているうちに、企業経営者自身の家庭を見ると、必ず崩壊、もしくは崩壊一歩手前に来ていました。私の住んでいる千里ニュータウンでは、私の家以外はみんな金持ちばかりで、どれも豪壮華麗な家で、妙な犬を飼って喜んでいるような家庭です。そして、家庭を顧みない、一流会社の社長連中が何人もいるのです。そんな連中の家庭は例外なく破壊、破たんの一歩手前に来ています。子どもはみんな不良化しています。父親に大金がある関係でそういうことになる。学校でもいじめに遭う。人の首を切った小中学生も出てきました。そういう家庭危機をどう救済したらいいか。経営学の論理だけでは役に立たない。そこで急きょ、心理学の勉強を始めて、そちらの方に傾斜していきました。

その後、警察ＯＢの方々がこの学会にいろいろ入ってこられまして、竹本さんをはじめ、平岡さん、松下さんなどの犯罪論の話を聞いて、これはいよいよ家庭危機管理からソーシャル・リスクに移行しなければいけないと思い立って、ソーシャル・リスクマネジメント論という方向に移行していったのです。ですから、私がいろいろなことをやっているのにはみんな動機があって、この学会の構成員の方から栄養源を供給されて、太っていったのです。そういうことで、現在ではソーシャル・リスクマネジメント論だけではなく、危機管理から危機突破論の方向へまた移行しています。それはまた後ほど申します。

日本リスクマネジメント学会
ソーシャル・リスクマネジメント学会
合同総合部会
関西大学　100周年記念会館　ホール
2015年6月20日（土）13:30～16:30

ゼミの歴代卒業生と

第4章　リーダーシップと危機突破

本章のポイント
①危機管理とリーダーシップ
②危機管理から危機突破へ

15:15-15:45 第4セッション：
リーダーシップと危機突破
危機管理から危機突破へ
講演「危機突破と経営者適性」
亀井利明（関西大学名誉教授）

1997 年

第1章 リスクマネジメントの意義と形態
第2章 リスクの意義と形態
第3章 リスク処理手段
第4章 リスク処理計画
第5章 リスク処理の意思決定
第6章 企業倒産危険のリスクマネジメント
第7章 中小企業のリスクマネジメント
第8章 経営者リスクと性格危険
第9章 企業の成長とリスクマネジメント
第10章 事業機会とリスクマネジメント
第11章 危機管理コーディネーション

2015 年

第1章 日本リスクマネジメント学会の生成とその発展秘話
第2章 ソーシャル・リスクマネジメント論
第3章 ソーシャル・リスクとしての経営者リスクと完了リスク
第4章 危機管理とリスクマネジメントの複雑性
第5章 ソーシャル・リスクマネジメントとリーダーシップ
第6章 危機管理におけるリーダーとマネジャー
第7章 危機管理論と危機突破学 ／ 第8章 危機突破学の展開
第9章 危機突破学とビール戦争
第10章 家電企業の凋落と危機突破 ／ 第11章 決断と危機突破
第12章 危機管理・危機突破における決断論
第13章 危機管理によせて

（講演レジュメ）

危機突破と経営者適性

亀井利明

1、企業経営三要素

（1）クレーマー・マックニール説

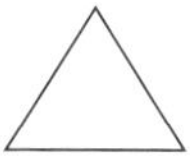

技術優先
管理強化
リーダーシップ重視
→ 危機管理

（2）亀井利明説

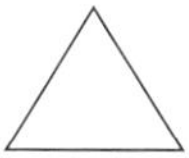

組織強化
戦略適格
決断迅速
→ 危機突破

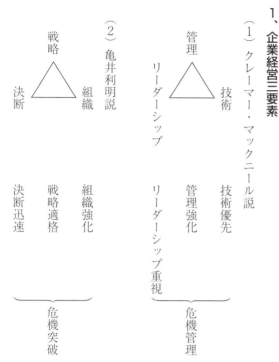

2、危機突破手段　―　選択と決断　―

挑戦（応戦、参戦）―――｛戦力、戦費、戦歴、戦略、戦術、戦意、戦機｝

除去（防止、休戦）

回避（外交、撤退）

転嫁（提携、追随）

3、危機解消（対応）策

危機解消

- Leadership 型（危機打破）
  - 危機突破　挑戦先行、リーダー主導
  - 危機脱出　直感・感性重視決断型
- Management 型（危機乗切り）
  - 危機管理　守成先行、会議尊重
  - 危機克服　過程循環（ＰＤＣＡ）意思決定型

4、ティードの決断論

①決断とは直感のひらめきによる断固とした意思決定

②決断によって危機が突破される
③決断リスクは決断しないこと、決断が遅いことによって生じる
④決断リスクが生ずれば危機突破はできない

５、決断と選択

決断は最終的には２つの選択肢にしぼられる
①　Ａにするか　Ｂにするか
②　やるか　やらないか

６、戦略

戦略には　全社戦略、事業（別）戦略、機能別戦略の３つの階層がある
①　弱者の取るべき戦略　―　局地戦、一点集中戦、接近戦、陽動戦
②　強者の取るべき戦略　―　包囲戦、広域戦、短期戦、誘導戦

７、経営者の資質（経営者適性）

伊丹敬之説（『よき経営者の姿』２００７年（日本経済新聞出版社））
①　エネルギー　（体力、知力、意力、速力）
②　決断力　（判断力＋跳躍力）

③ 情と理　（カネ、情報、感情）
④ 行動力　（事を興す（構想力）、事を正す（切断力）、事を進める（包容力））

亀井利明説
① リーダー力ｏｒマネジャー力　（統率力か管理力）　（力量）
② 情報力と決断力　（分析力と選択力）　（才覚）
③ 理性ｏｒ感性力　（論理力か直観力）　（性格）
④ 体力と知力　（健康と学識）　（能力）
⑤ 強運力ｏｒ危機突破力　（博才かストレス耐性）　（体質）

8、危機突破力

① 危機察知力　② 危機情報分析力
③ 危機対応戦略力　④ 危機突破手段選択・決断力
⑤ 危機対応動員力　⑥ 危機突破行動力
⑦ 危機突破指導力　⑧ 危機収拾力

第4セッション：リーダーシップと危機突破／危機管理から危機突破へ

講演「危機突破と経営者適性」

亀井利明（関西大学名誉教授）

1　はじめに

私自身が日ごろ考えていることをお話し申し上げて、ご参考に供したいと思います。皆さま方、世の中で一番悪い人間はどういう人間でしょうか。私自身の研究によれば、一番悪いのは企業経営者です。2番目に悪いのは政治家です。では今度は、一番危険な人物はどういう人物かというと、官僚です。その次がマスコミです。その悪い人間と危険な人間の両方合わせた性格を持っているのが文化人で、先生といわれている連中です。弁護士、医者、会計士などの専門職業人と大学の先生、評論家。特に評論家は良くありません。評論家というものが一番世の中を毒しています。今日は、世の中を毒している企業経営者の話が出てきます。企業経営者というのは、本音と建前が非常に分離し、飽くなき利潤を追求する、金銭欲、名誉欲、統率力などいやらしい欲望の権化のようなものです。そして、特に企業官僚といわれている人が良くありません。いつの時代でも、日本を滅ぼしたのは官僚と企業官僚なのです。第2次世界大戦でも、日本が負けるはずのない戦争にいつも負けていたのは、全部軍事官僚のせいでしょう。

そういう話は別にして、今度はまともな話になっていきますが、「顔は心の鏡、言葉は心の音楽」という言葉があります。企業経営者は、日夜そういう言葉に惑わされて、ストレスをためこみ、フラストレーションに迷わされているのです。企業には、企業経営者自らがつくり出す危機、つまり企業が内在する危機と、外から襲ってくる危機があります。どちらの場合でも、現在の危機は、巨大化し、多様化し、社会化し、国際化しています。そのために、伝統的な経営学の理論では解決できない問題をたくさん含んでいるのです。そして、企業経営の中の危機管理論を見た場合、どうしてもこれは保守的であって、防衛のマネジメントのにおいがします。ところが、防衛のマネジメントで意思決定論などを議論していったところで、小田原評定のようになってしまい、とても危機は救済できません。そういうわけで、単なる意思決定ではなくて、意思決定をリードできる**リーダーシップ**を握った人の危機突破意識、戦略論が必要だということで、私は伝統的経営学の経営管理論から一歩外へはみ出して、危機突破論ということを言いだしました。この危機突破論というのは、経営戦略論です。

2　危機解消対応策

「危機突破と経営者適性」と書いてあるレジュメをご覧ください。3番に、危機解消対応策とあります。その中には、リーダーシップ型とマネジメント型の二つあります。リーダーシップ型は危機打破型、マネジメント型は危機乗り切り型です。**リーダーシップ型は危機突破**、**危機脱出**であるのに対して、**マネジメント型は危機管理**、**危機克服**ということになってきます。そして危機突破は、挑戦が先行し、リーダーが指導しています。直感や感性を重視して、統計や理性を無視して、リーダーの直感・感性で、「さて、これでいけ」という、織田信長型の危機解消対応策だと考えています。そこに出てくるものは単なる意思決定ではなくて**決断**です。

それに対してマネジメント型は、伝統的なＰＤＣＡの意思決定の過程、過程型の経営管理が出てきて、これは完全に危機管理の問題です。これは突破ゆえの危機克服の方にアクセントがあります。現状維持、守勢のマネジメントなのです。守勢が先行し、管理を尊重していて、多くの意思決定の場合に会議を行います。企業経営の中における会議は、いい案を出すための会議ではないのです。トップが決めたことを承認してもらうための単なる儀式にすぎません。よろしいですか。企業の中で行われている会議という会議のほとんどは、トップの決めたことをミドルが追認するための儀式なのです。会議というものは全てそうなのです。大学も会議が大好きな組織です。大学で意思決定を行う場合、教授会で偉そうな教授が並んで言いたい放題言っています。「頭の悪い連中、勝手に言っとれ」という調子でいて、もう相手にしませんでした。自分の決めたことの方へ議論を持っていって、教授の連中に言っても一切聞きません。同じようなことが企業経営の取締役会でも行われています。

そういうわけで、計画を立てて、それを実行し、チェックし、修正するという過程循環型（ＰＤＣＡ）のサイクルが、危機管理のサイクルです。そこでは意思決定というものが非常に重要視されます。アメリカの正統派経営学は、マネジメントとは意思決定の連続であるということを主張しています。フランスのファヨールの系統のアメリカ経営学は、管理過程型のマネジメントです。

危機管理というのはマネジメント主導型、危機突破というのはリーダーシップ主導型です。リーダーシップとは、企業経営の発展を目指すための儀式、発展を目指すための企業の行動様式をいいます。マネジメントとは、現状維持で、維持管理という適切な言葉があります。維持管理という言葉は、本来は官庁用語で、官庁でしきりに使われていた言葉をわれわれ自身が使っています。危機突破をするに当たっては、非常に決断が大事になってきます。

3　決断と選択

その次は4番です。**決断とは、直感のひらめきによる断固たる意思決定**です。単なる意思決定ではなく、直感のひらめきがある意思決定で、直感のひらめきを促すのは企業経営者です。決断によって危機が突破されます。決断なくして、単なる意思決定を行う会議を開いているようでは危機は突破できません。危機というものは、その間にだんだん大きくなってしまうのです。逡巡して、決断を遅らせようとしていると、**決断リスク**が生じます。トップが、誤った決断をしたために大きなリスクを背負い込むことを決断リスクといいます。その決断リスクが生じるようになると、危機突破ができません。その場合に、危機突破でしょっちゅう出てくるのが、**織田信長の桶狭間の戦い**です。これは明らかに先制攻撃です。情報を十分に収集し、スパイを配置しました。2万5000とも4万5000ともいわれている敵方の軍隊に対して、織田方は2000か3000で、それで勝ち目があるわけがないのです。ところが、1万人という人数は、どれだけの人数かというと、2万人がずっと行列を作るには、2km近くの距離が要ります。ちなみに私は商学部の学部長のとき、関西大学の入学試験を「今日は1万人が受験しにくるぞ」と陣取って見ていました。1万人がどれだけの人数かを確認したら、関大の正門までびっしりと人が詰まった状態でした。だから、1万人とは大変な人数なのです。そして、敵方が2万5000人もある。必ずのびきったところがあるはずで、向こうの今川義元がどこに陣取っているかを探るために情報収集を行いました。敵方の大将がどこにいるかを確認して、そこを急襲するという手を講じたのです。明らかに危機突破型の、しかも攻撃型の行動様式でした。

同じ織田信長で言うと、織田信長が北陸を攻めたときに、両方の軍隊に挟まれてしまって、立ち往生して、暗くなって逃げ帰ったという金ケ崎の撤退をご存じでしょう。朽木を通って、大原を通って京へ逃げ帰ったのです。

織田信長の軍隊が3万だったというのは怪しいと思っています。歴史家の書いた数字というのは大体怪しいのです。歴史家が書いたものと政治家の言う数字は大体ほら吹きと見ていいです。大体1割とみてよろしいでしょう。そんなことで、決断リスクが生じるようでは危機突破はできません。

次のページを見てください。決断は最終的には二つの選択肢に絞られていきます。中には、AにするかBにするか以外に、Cという三つ目の案がある場合もあります。皆さまは日々、パーソナルリスクマネジメント、生きていくための危機を乗り越えるための決断をされていると思います。大学をどこにするか、就職先をどこにするかという意思決定ないし決断は重要です。最も大事なのは、結婚の相手を選ぶ決断です。A子さん、B子さん、C子さんという3人の花嫁候補がいる。どれにしようかというときは、いろいろな比較衡量の仕方がありますが、比較衡量し、データを集めれば集めるほど決断はできない。くじ引きでいく、これも一つの決断の方式です。そして、自分がA子さんと思ってA子さんに決断したとします。そうすると必ず後悔が出てくるのです。「しまった、B子さんにしておけばよかった」と。B子さんを選ぶと、「しまった、C子さんにしておけばよかった」という結果になります。これは男性のみならず女性でも同じことが言えます。選択肢が複数あったならば、必ず選ばなかった方の選択肢をうらやみ、しまったと思う憂いが出てきます。企業の経営戦略でもそうです。危機管理の戦術を講じる場合も必ずそういう問題が出てくるのです。ですから、企業の経営者は、ぐらぐらしているようでは駄目で、確固たるワンマン的、カリスマ的な決断を下さなければ、危機は突破できないのです。そういうことになってきます。

4　企業経営者の資質

決断を行った場合でも、リーダーシップ型の決断になると、これは戦略論になってきます。戦略というものは、経営学では、全社戦略、事業戦略、機能戦略という三つに分けて議論しています。弱者の取る戦略、強者の取る戦略は、中国の孫子の本を見れば出てきます。とにかく、危機突破というものは弱者の立場に立って働いていきます。弱者が強者に立ち向かう方法には、織田信長のように一点集中型の局地戦、接近戦、陽動戦があります。強者は自己防衛型になるので、周辺を取り囲んでしまえという戦略になるのです。

さて、企業経営者が危機を突破していくためには、いろいろな戦術を講じなければなりません。リーダーシップを発揮して、間違いのないような企業運営をしなければならないときに、企業の経営者を見た場合、特にモーレツ社員上がりの企業経営者を見ると、大なり小なり時間管理がなっていません。「月月火水木金金」という昔の軍歌がありました。24時間中18時間も働いています。家へ帰ると、子どもにも奥さんにも物も言いません。結婚するときに言った「あなたを死ぬまで愛している」はどうなったのか。大体死ぬまで愛せるはずがないのです。A子さんを嫁にした場合、B子さん、C子さんにしておけばよかったと、しまったということになるのです。B子さん、C子さんの写真が残っていたら、大変なことになりますからね。皆さま方も家庭操縦リスクマネジメントを心得てもらいたいと思います。

企業経営者がサラリーマンから選ばれる場合、株主総会を経由して選ばれています。非常に気になることがあります。株主総会の案内状を見ると、「取締役選任の件」とあって、取締役候補者の顔と名前が挙がっています。再任の場合は、まあよろしい。新任の場合でも、どこそこ大学出身とどこにも書いてありません。皆さまも株を持っていらっしゃると思いますから、一度、株主総会の案内状を見てください。取締役選任の経歴を見ても、どそこそこ大学出身とは書いていないのです。なぜ書かないのか。平成何年にこの会社に入って、何年に課長になった、部長になった。そんなことで経営者が選べるかと。株主もばかにされたものです。企業倫理だ何だかんだとやかましく言っていますが、企業経営者を選ぶに当たって、卒業した学校すら、やれ人権侵害だとか何だかんだ言って書かない。恐らく東京大学卒業者があまりに多過ぎるから。なぜ出身大学を書くのがプライバシーなのか。株主は完全になめられています。コーポレートガバナンスだ、内部統制だ、コンプライアンスだと、きれい事ばかり言っています。企業経営者がやりたい放題やるためのデコレーションとして、そんなことが言われているのです。

しかも、アメリカの**エンロン事件**で、企業経営者が一体どういうことをしたのか、見るもはっきりしているでしょう。ＥＲＭというわけの分からないリスクマネジメントをつくって、それを日本にまで押し付けています。日本の法務省の賢い役人連中は、アメリカの言うことをそのまま日本の会社法に反映させています。会社法に今や１０００箇条の条文があるのです。一つの法律で１０００にも及ぶ条文があるのは会社法しかないのではありませんか。民法は別ですが、あれは親族、相続、うるさく言われる法律です。会社法はくどくどとわけの分からない執行役や委員会設置会社などについて書いていて、何を言っているのでしょうか。会社法がいくら改正しても、そんなもの読みもしません。守られもしない法律を役人が次々と勝手に作ったのです。法律を作るのは国会議員です。ところが国会議員が法律を作ったためしはほとんどないのです。田中角栄は、議員立法で33の法律を作っています。だから、田中角栄を尊敬すると言ったらあほかと言われますが、私は尊敬しています。議員であって、まともに議員立法で自ら法律を作ったのは田中角栄くらいしかいません。従って、ロッキード事件で賄賂をもらったとか、もらわないとか、そんなものどんな問題があるのでしょうか。航空機を斡旋して５～６億円の賄賂をもらうことのどこが悪いのだと言ったら言い過ぎですが、そんな本音を持っています。

5　経営者の危機突破能力

取締役を選ぶのに、なぜ大学の名前も出さないのでしょうか。そんな会社の取締役にろくなやつがいるわけがないでしょう。はっきり申しまして、日本の企業経営者は内部的に悪いことばかりしています。

みんな大きくなって、大企業病の弊害に陥って会社をつぶしています。会社をつぶすことは犯罪です。会社をつぶすということは、本人だけではなくて、社会に迷惑を掛ける、明らかなソーシャル・リスクなのです。アメリカではひょっとしたら全部詐欺罪で引っ張られます。エンロンの社長などはみんな引っ張られました。それが色濃く影響してきています。

会社の取締役、会社の経営を代表している人が、大学の名前も書けないのかと思います。もっとも会社の決算報告書はうそばかりです。例えば、私は保険会社や建築会社の決算書を見ますが、保険会社の場合、責任準備金はいくらでも事実が隠せます。「当会社は今期いかほど利益を上げましょうか」と昔の大蔵省へ聞きに行くと、「○○海上、おまえのところは100億円だ、○○火災は80億円程度だ」と上から指示されて、そのとおりに決算をしているような感じなのです。そんなもの承認できるかということです。公認会計士制がありますが、公認会計士はそんなことを暴き出したら失業することになるので、言えません。ですから、企業の経営者は悪いことをし放題なのです。

経営者の適性の問題で、日本を代表する学者である一橋大学の二木先生の説に対して、私の説は、経営者適性は、リーダー力、マネジメント力、これは力量の問題、情報力と決断力、これは才覚の問題、理性または感性を持っている、これは性格の問題、体力と知力、これは能力の問題、強運力、強い運を自ら持っている、あるいは招き寄せる力、危機突破力、これは体質の問題であって、博才（ばくさい）という言葉があります。私の友達にも博才を持った人たちがいます。博才を持っている人とマージャンをしたら絶対に勝てません。この中にもいますが、後でゆっくりとお話をします。博才というのは生まれつき備わった才能なのです。どうしようもありません。企業の経営者は、賭博に強くならなければなりません。日本の経営者は、賭博に強い人もいれば弱い人もいます。女性に強い男はたくさんいますが。それから、ストレスに対して耐性、抵抗力を持っているという性質がなければなりません。それ以外に、危機突破力という私独特の表現があって、その危機突破力の内容は8番目に書かれています。

危機突破能力の1番目は、危機を察知する能力です。危機の情報を集める能力から、ずっとありまして、8番目に、危機を収集する能力が非常に重要な意味を持ってくると思っています。そして、観客少なき危機に至り、昨今、幾分か観客が多くなった株主総会ではありますが、それでもきちんと株主総会対策を講じて、株主がうかつに発言できないように厳重なガードをして、「原案賛成」、パチパチ、はい、さようならという株主総会がいまだに行われています。卒業した大学の名前も公示しない株主総会です。そのような株主総会でコンプライアンスやコーポレートガバナンスなど、何を言っているのだ、株主をばかにすることから今の企業の経営は成り立っているのではないかということです。

ですから、私は企業の経営者イコール悪人と、イコールで結んでいます。だから、誰それが社長に選ばれたという新聞報道を見ると、悪さの程度について、特急、急行、準急、鈍行と四つに分けて見ています。特急というのは一番悪いです。そういう人に限って、いつまでもそのポストにしがみつきたいのです。そして、名誉欲、権勢欲の権化です。金銭欲は人間誰しも持っています。だけれど、企業経営者にはそんな人が多いのです。企業の経営者に勲章を出すことがありますが、悪人に勲章を出すのかと思えてなりません。勲章を出すなら文化人に限ります。政治家も要りません。官僚はもっと悪いです。私はそのように思っています。

そして、道路交通法という法律があって、自転車が今では迫害されるような雲行きです。道路に車を走らせると危険なので、免許証を出します。**企業を経営するということは、道路に自動車を走らせるより、もっと危険なのです。従って、なぜ企業の経営者を免許制にしないのか、**私は不思議で仕方がありません。日本に株式会社は約250万社あります。そのうち上場しているのは約4000社です。だから、その取締役になるためには、国家試験なり、協会の試験なり、経営者適性試験を行うべきです。その試験の範囲には、経営のノウハウだけでなく、経営の倫理、道徳も入れて、3年に一度ずつ免許を更新します。そして、社長と名の付く人たちは、2期以上は社長を務めてはならないとします。松下電器でもアサヒビールでも、それは守っています。社長は2期以上はしていません。その点は謙虚だと思っていますが、松下電器はパナソニックなどわけの分からない名前に変えて、売り上げもダウンしてしまって、このごろは新しいリーダーができて巻き返しているようですが。

どの企業も巨大病にかかって、大きいことはいいことだという考えが日本人の間に浸透しています。違うのです。国家であろうが、思想であろうが、組織であろうが、大き過ぎると必ず問題が起きて、必ずつぶれるのです。あの有名なローマ帝国は滅びました。オスマントルコも滅びました。ソ連も一度滅んで今の政権になっています。大きくなった場合、必ず滅びるのです。日本の会社でも、かつて流通革命の寵児といわれたダイエーはぺしゃんこです。今にその後を追う企業が出ると思います。そのように大きくなったところは必ず滅びるのです。なぜそんなものに憧れを感じるのか。日本では巨大化することについて、礼讃する人が多いです。「礼讃」を「れいさん」と呼んでいる人は国語能力が足りませんので、もうちょっと勉強してくださいね。これは「らいさん」と発音します。大規模からさらに巨大化への道を歩んでいない世界のメーカーはロレックスです。ロレックスは世界的企業ですが、日本で言えば大規模会社程度です。資本金が幾らで、売り上げが幾らで、誰が社長で、誰が専務か、誰も分かっていません。それでも世界に冠たる大企業です。ロレックスは時計しか作っていません。また、自分の会社のリスクマネジメントをやっていて、絶対に他人資本を導入しません。株式会社は他人資本を導入することを容認する節があります。他人資本を入れて企業が社会化するがゆえに、企業経営者の悪徳行為が社会的犯罪になり、ソーシャル・リスクマネジメントの対象になるのです。しかも、そのリスクは危機突破の領域になってきます。

6　危機管理から危機突破へ

そして、最後の話題になります。もう一つのレジュメをご覧ください。「亀井利明氏の研究のあゆみ」（本書154頁に採録）の最後のところです。６番目、「危機管理から危機突破へ」の一番下に１、２、３とあります。危機管理が管理論、意思決定論であるならば、危機突破は戦略論、哲学論である。危機管理はマネジメント主導、危機克服であるのに対し、危機突破はリーダー主導、危機打破である。危機管理は会議尊重、防衛、守勢尊重であるのに対し、危機突破は直感、挑戦、戦法であると書いてあります。このように違うのです。伝統的なマネジメントの発想では駄目になってしまいました。それだけ危機は巨大化し、国際化してしまっています。伝統的な経営学では間に合いません。

ちなみに申しますと、私の母校である神戸大学は、今から30年ほど前は日本一の経営学のメッカと威張っていました。このごろはどうですか。あの大学のいけないところは、出身校でないと上へ上がれないことです。神戸大学を出て大学院を出ないと、よその血が入ったら駄目なのです。私のように私立大学の血が入ったらもう駄目なのです。そして、経営学はいまだに神戸大学が日本一だと思っています。何を言っているのだと思っています。そこの経営学者は、リスクマネジメントにこれっぽっちも触れていません。なぜか。分からないからです。経営学以外に保険の知識、心理学の知識、社会学の知識が要る、場合によっては数学の知識が要るので、ついてこれないのです。危機管理、リスクマネジメントに申し訳程度に触れた経営学の人たちはいます。これは日本でもアメリカでも全く同じです。生粋の経営学者はリスクマネジメント、危機管理に触れていません。三商大と呼ばれた一橋、神戸、大阪市大は皆そうで、経営学は落ちぶれてしまいました。昭和30年代は、慶應大学に坂本藤良という教授がいて、経営学ブームを巻き起こしました。その時代から見ると、ものすごく落ちぶれてしまいました。私自身も、経営学に少し愛想が尽きました。

そういうことで、危機突破論の方へ動いていくだろうと思いました。私は**童門冬二氏の『戦国武将の危機突破学』**という本を紹介したことがありますが、それに関する論文をこの学会の会員の吉川さんが書いています。リスクマネジメント学会の人が書いたので、しめしめと思って、私は大っぴらに使うようになったのです。最初の論文を『実践危機管理』第25号に投稿したところ、「あなたの論文を興味深く拝見しました」と川本教授に書いてもらえました。どこに興味を持ったのか、いまだに聞いていません。川本先生は金融論の大家で、広島修道大学の学長を経験した行政家でもあるので、うかつに聞くと大変なことになるからです。今日の懇親会で聞かせてもらいたいと思っています。

以上、長々と申しましたが、私の話は大体これくらいでよろしいですね。それでは、これで終わります（拍手）。

亀井利明説
① リーダー力 or マネジャー力
② 情報力と決断力
③ 理性 or 感性力
体力と知力
運力 or 危機突破力

全体ディスカッション

（総合司会）　時間は30分で終わりましたので、せっかくですから、質疑応答の形にしたいと思います。基調スピーチをされた3人の先生に、よろしかったら前へ出てもらいまして、羽原先生、上田先生、白田先生を交えて質疑応答の時間にしたいと思います。

これまでリスクマネジメント論の日本における研究のあゆみ、亀井利明名誉教授の研究の進展を見てきたわけですが、跡を受け継いでいく者がどのようにしていったらいいのかということで、現代的意義、あるいは批判的に検討するところがなければならないと思います。また、われわれがこの分野でこれだけ頑張っているのに、いわゆる経営学者が、あるいは経営学辞典が何故きちんと扱わないのか。さらに、今日は亀井利明ゼミのＯＢの方もたくさん来られていますので、亀井利明先生から教育を受けられて、実際のビジネスの現場でどのように役立っているか、あるいは、どういう感じなのかも伺いたいと思います。では、基調スピーチされた先生方、前へお座りください。上田先生、まず、補足あるいは問題提起をお願いできますか。

（上田和勇）　私自身もまだ十分な概念的な、あるいは実践に通用するようなモデルを持っておりませんが、リスクマネジメントの中心的課題に、どういうリスクマネジメント手段を実行していくかという問題があり、それにはリスク・コントロールがあり、それはまたはハードとソフトに2分できます。そして、リスク・ファイナンスも、契約に基づくさまざまな保険制度、金融派生取引、積み立て他と、それ以外にもソーシャル・ファイナンス的なものも考えられますが、これをいかにうまくミックスするかは非常に難しいテーマです。リスクマネジメント・ツールのミックスの問題であり、ミキサーで水と砂とセメントをうまく混ぜて非常に強固なものを作る作業に似ていますが、非常に難しい問題の解決が今後の課題です。

ただ、例えば地震リスクがそうであったように、マニュアル、チェックリスト、防波堤、防潮堤、ハザードマップなど、ハード・コントロールに依存し過ぎると、人間は油断したり、災害心理が働いたりします。例えば、安全であるだろう、以前、安全だったから今回も安全なのだという経験の逆機能、そういったいわゆる思い込みが出てきます。ハードに頼り過ぎるとソフトが弱くなります。そういう面は非常に重要な目のつけどころというか、リスクマネジメント手段を組み立てていくときに重視しなければいけないコンセプトだと思っています。私からの補足としては以上です。

（総合司会）　白田先生は筑波大学経営学部におられましたが、経営学者がリスクマネジメントをきちんと取り扱っていないのはなぜでしょうか。あるいは、取り扱ってもらうためには、どうしたらいいでしょうか。

（白田佳子）　おっしゃるとおり、日本の経営学の分野で、本当の意味での経営学的なリスクマネジメント論やリスクマネジメントを学際的に取り扱っている、科目に入れている大学は非常に少ないと思います。ただ、個々の科目の中でリスクマネジメント的な要素を取り込もうとしていると思います。例えば、財務をしていれば倒産など財務の危機、マーケティングをしていればその物が必ずしも売れるとは限らないといった、裏に内在するリスクを取り込もうとしている傾向にあるとは言えると思います。

一方で、今欠けていて、取り上げた方がいいと思うのは、先ほどの亀井先生の危機突破の理論もそうですし、上田先生がおっしゃったソフト面では、経営者の感性です。亀井先生は理論の中で、リスクマネジメントの要素として、時間、情報、そして感性が重要であるとおっしゃったと思います。感性という要素を取り込んだのも亀井先生のオリジナルだと思います。そこにリスクが存在するという感性を持っていなければ、その対応が遅れて、できなくなります。それは財務でもマーケットでも全てそうです。自分だけを信じて、これでいいと考えることによって誤った方向へ行ってしまうので、リスクマネジメントの理論やツールが確立されても、それを利用するところに至らないのです。そこをどうやって育てていくか。次世代は、亀井先生のような、私たちより先輩の方々が持っていた感性が薄れていて、理論をツールとして使うまでに至らないのです。そこをこれからどうやって継承していくのか、教育していくのかが課題ではないかと思っています。

（総合司会） 羽原先生はいかがですか。羽原先生は、大学院は亀井利明先生のゼミと伺っていますが。

（羽原啓二） まず、分野別のリスクマネジメントの取り組みが必要だと思います。特に行政の面で、官公庁の取り組むべき課題があると思います。また、今、情報処理能力が増えているので、ビックデータといいますか、データ処理によってリスクを分析することをもう少し的確に行うことです。ヒト、モノ、カネとありますが、データ処理の面での技術による詳細な分析です。これは私がそうだから言うのではないのですが、保険論の研究をしている人は、リスクマネジメントの概念という面では正確で、それ以外の分野でリスクマネジメントを取り入れて展開するのはいいと思うのですが、用語の概念が不正確な場合があって、特に金融論が意外とそういう面があるのではないかと思います。一番端的なのは、ハザードの認識です。最近、ハザードリスクという言葉が出ています。どこから出てきたのかよく分からないのですが。そのようないろいろな面があると思います。教育上、特に大学院には重要だと思います。

（総合司会）　ありがとうございます。では、ずばりご本人に。リスクマネジメントが今後、さらに経営学の分野で認知され、社会で活躍されている方々が自分のリスクをマネジメントしていく上で、どういうことが必要でしょうか。

（亀井利明）　経営学で認知される方法というのは非常に難しいですね。第一に、経営学の名門意識を持った一橋、神戸、早稲田の人たちを教育する以外に方法はないのです。一橋、神戸、早稲田、慶應はいまだに威張っているでしょう。慶應はそれほどでもないけれど。まず、経営学者にリスクマネジメントを認知させること、経営評論家にもっと書いてもらうことが一つです。

第二に、われわれの学会は保険学会などからのリスクから身を守るために必死になっていました。もう少し経営学会にアプローチすればよかったのですが、私自身が生意気だと思って相手にしませんでした。リスクマネジメント学会には、神戸大学の超一流教育をしている人が参加しています。「そんなやつに何で先輩の私が挨拶するか、あほんだら」と。それがいけないのです。こちらも先輩意識から顔つきが良くなかったのかもしれないのですが、母校が何か協力してくれたか。関西大学も神戸大学も、どちらもリスクマネジメント学会の経営発展の何に協力したかというと、せいぜい校舎を貸したたけ、金一封をくれただけのことでしょう。最初のうちは、関大の経営学者もこの学会に4～5人は入ってくれていました。そうしたところ、みんなどこからか圧力を掛けられて辞めていったのです。著名な経営学者もいました。リスクマネジメント論は、マイナスの経営、企業の倒産をメーンとして研究するので、企業の発展、プラスの経営しか勉強しない経営学の異端児なのです。マイナスの経営学、負の経営学がリスクマネジメントですから、経営学に認知させるのは一苦労です。日本独特のセクショナリズムもあります。

第一、経営学者は保険論が分かっていません。上手な保険との付き合い方からアメリカのリスクマネジメントは発展しました。つぶれた銀行、つぶれた燃料業者に関わる妙ちくりんな人たちが寝言のように言いだしたのがＥＲＭです。そんなものから発展しているから、経営学者は相手にしません。古くからあるものは一目置くけれども、素知らぬ顔です。ですから、経営学会にあなた方もどんどん入っていって啓蒙する以外に方法はないです。そういうことでございます。

（総合司会）　ありがとうございます。確かに、アメリカからＥＲＭの概念が出てきましたが、そういったものとうまく折り合いをつけることが、われわれの課題だと思います。

（亀井利明）　戸出先生、法律学者に聞きたいです。法律学者もリスクマネジメントのことをあまり言いませんね。弁護士、特に悪の付く悪徳弁護士といわれている人々は、法務リスクマネジメントなど、リスクマネジメントの実務的な本をいろいろ書いているでしょう。そう言うけれど、伝統的な正統な法律学者はリスクに関する本を全く出していません。もともとリスクマネジメントのリスクの研究は、法律的には、所有と経営の分離、所有と危険の分離から出ています。所有権の移転と危険負担の移転は同時が普通だけれど、例えばＦＯＢ契約、ＣＩＦ契約の場合は違います。危険負担から所有権の移転など、そういう問題があります。その辺は、羽原さんが得意です。貿易に関しては、そういうことが出ていますね。

(戸出正夫)　戸出でございます。先生、ありがとうございます。六法のような基幹となる法律は規範ですから、どうしても、静的なもので動かない。法の適用上、解釈論で動いてやまない経済現象を規律して行くに過ぎません。リスクマネジメントの中のリスクファインディングは法律が関与しています。例えば、賠償リスクをお考えいただければ一目瞭然だと思います。また、所有と危険負担の分離、これは実は民法でもあるのです。危険負担は、買主が負うのか、売主が負うのかを定めた規定（民法五三四条）もあります。例えば、売買において、契約自体は口頭で成立します。その時点で、売買の目的物の所有権は買主に移転します。しかし、まだ目的物が売主の手元にあるとき、危険負担は売主が負担します。すなわち、目的物の引渡までは所有権は買主、危険負担は売主と分離するのが普通です。そのようなことになっていますが、マネジメントということについては、法律学者は素人です。純粋な法律学者は、リスクの発見、場合によってはリスクのエスティメーションぐらいまではできます。このように法律学者はリスクの存在を理解するけれども、それをマネージしていくことはできないと思います。

(亀井利明)　会社法の規定を見ると、会社法施行規則など、いろいろな細かい規則があるでしょう。その中に、会社はリスクマネジメント規程を設けろという条項があります。従って、株主総会用の資料に、リスクマネジメント規程の文章があるのです。どの会社の株主総会の資料を見ても、本当に申し訳程度のことしか書いてありません。私は株主総会の資料で、そこと役員人事のことしか見ないのです。あとはどうでもいいので。リスクマネジメント規程を設けろと書いてあるのに、どの会社も申し合わせたように、嫌々やっています。何をやるか具体的にあまり書いていません。また法律学者は、その辺のところを分かっているのに何も言わないのです。

(戸出正夫) そのとおりでして、例えば保険で見ると、保険業法でこうしろ、ああしろというのが随分あって、マネジメントに関することがたくさんあります。その部分の多くは施行令（政令）であったり施行規則（省令）であって、法律適用上の行政的必要から規定されたもの（しかし、法律の一部を構成する）が大部分ですから、法律学者はそこまで入っていかないということはあると思います。

(総合司会) ありがとうございます。では、赤堀勝彦先生と石井至さんに話を聞きたいと思います。

(赤堀勝彦) ご紹介いただきました赤堀です。よろしくお願いします。今日のテーマは、海上保険論から心の危機管理までということなのですが、実は私のキャリアがまさにそのとおりといいますか、大学時代は海上保険論の葛城先生のゼミを取りました。その海上保険のゼミの先生の推薦で、損害保険会社に入りました。入社したときに、まさに海上保険部門に配属されました。その中で、特に輸入貨物の損害査定を行いました。亀井先生が最初の各務賞を受賞された『海上保険証券免責条項論』などの図書を買いまして、実際に亀井先生の本を左に置いて、いろいろ勉強しながら、実際に貨物の損害査定の仕事をした経緯があります。

やがていろいろ部門が変わりました。海外の営業もしました。最後が能力開発部という教育研修の部門で、そこで10年ぐらいやりました。その中で、特に心の危機管理、ストレスマネジメントは実際に研修もしていたので、私自身も研修の勉強をしました。社員の心の危機管理、メンタルヘルスが非常に大事なので、実際の研修の一環として指導した経緯があります。会社を定年退職したと同時に大学の教員になり、今日に至っています。

その中で、実際の社会人だけではなく、大学生のリスクマネジメントという言葉もありますが、大学生のリスクの一つとしてメンタルリスクが今、結構大きくなっています。今週もゼミの学生に一人ずつ1時間ぐらいかけながらカウンセリングしています。家庭の環境、家庭の問題、あるいは親に言えないようなことなどいろいろなことを話してくれます。そういった形で、大学の教員も、企業の管理者と同じように話をよく聞く。それに対してアドバイスするのではなく、まずはカウンセラーになってよく聞く。最後は学生自身が考える問題なのですが、教員、企業であれば管理者がよく聞いてあげて、心の危機管理を発展させていくといいますか、解決していくようにサポートしていくことが大事だと思います。

（総合司会）　では、石井さん、お願いできますか。石井さんは、経営者であられますし、ニュートラルな立場からお願いします。

（石井至）　私は亀井先生流に言うと、悪人で危険な人物です。会社を経営していますし、今は国土交通省の有識者をやって3年目で、全然駄目なのですが、もともと私は外資系の銀行でデリバティブという金融派生商品を開発していた人間です。亀井先生とのご縁は、東洋経済という出版社から、金融のリスクマネジメントについての執筆依頼があったことから始まりました。もちろん実務はやっていたので詳しいのですが、本を書くから、もう少しリスクマネジメントそのものについて調べてみようと思い、いろいろな文献を見ると、必ず亀井先生の本が引用されていたのです。初期の著書は本屋に売っていなかったので、国会図書館に行って拝見したところ、うなりました。定義が明確で、コンセプトも明快で、この人はすごい人だなというのが読んだ印象でした。それはそれだけで終わり、『リスクのしくみ』という本が出版されたときに、「日本リスクマネジメント学会優秀著作賞を差し上げたいのだけれど」とお声を掛けていただいたのがご縁の始まりでした。今日も、亀井先生の最後のご講演だということを伺ったので、東京から駆け付けたのですが、すごくお元気ですし、いまだに明快なご意見をおっしゃっておられるので、これからのご研究、著作も期待しています。どうもありがとうございます。

（総合司会）　おっしゃるとおり、まだ新しい本(注)をご用意されていますので、ご期待ください。では、最後にお願いします。

（注）亀井利明『危機突破と危機管理』（ソーシャル・リスク研究所）２０１５年７月

（亀井利明）　先にスピーチされた赤堀先生は、損害保険会社にお勤めで、保険論ならびにリスクマネジメント論の大学教授に華麗なる転身をなさった方です。非常に博学で、あれだけよく本を書けるなと思うほど書いています。そうかと思うと、心の危機管理のことだけでなく、関税の専門書やコンプライアンスの専門書など、いつあんなものを勉強したのだろうと思うようなことを書いていらっしゃるのです。そうかと思ったら、いつの間にか神戸学院大学に行って、経営学博士、経済学博士なら分かりますが、法学博士の学位を取ったのです。これには恐れ入りました。どこをどうして取ったのか私は分かりませんが、彼のリスクマネジメントの本は何冊もございまして、非常に有益な本です。

後から報告された石井さんの話はちょっと聞き取れなかったのでコメントしにくいのですが、この方もリスクマネジメントに関連する、東洋経済から出した立派な本があります。常に第三者的立場に立って、リスクマネジメント論の動向に注目されて、批判の眼を向けている数少なき実務家と申しますか、評論家と言った方がいいと思います。そういうことで、本日はありがとうございました。

（総合司会）　ありがとうございます。結論は、リスクマネジメントというのは非常に難しい分野ですが、それを半世紀も前に日本に紹介して確立して下さった方は、難病と闘いながらも、このようにお元気ですということだと思います。

本日はお集まりいただきましてありがとうございました。懇親会の会場はすぐそこですので、この後よろしければ皆さんで、ここで写真を撮りたいと思います。今日はどうもありがとうございました（拍手）。

補章①

（講演レジュメ）

財政危機突破と忠臣蔵

亀井利明

1　登場人物

(1) 徳川綱吉
(2) 柳沢吉保
(3) 桂昌院
(4) 隆光
(5) 浅野内匠頭
(6) 吉良上野介
(7) 上杉綱憲
(8) 亀井茲親（これちか）
(9) 永井伊賀守
(10) 大石良雄

（11）瑤泉院（ようぜんいん）

2　登場事項

（1）生類憐みの令

（2）金銀請払帳

（3）護持院、加持祈禱

（4）仁和寺

（5）富士山大噴火（1707）

3　幕府の悪徳収入計画（大名取りつぶし）

第1目標（赤穂浅野家　5万3千石）－（赤穂永井家　3万3千石）＝2万石

第2目標（米沢上杉家15万石）＋（浅野本家42万3千石）＝57万3千石

4　赤穂第2事件財政収支（1701年3月～1702年12月）

支出（円）		収入（円）	
旅費	56,400,000	瑤泉院化粧料	139.400.000
仏事費	33,000,000	大石個人負担	1,400,000
宿泊料	30,000,000		
同志救済費	13,000,000		
赤穂浅野家再興費	5,000,000		
武具購入費	1,800,000		
雑費	1,400,000		
合計	140,800,000	合計	140,800,000

亀井利明　講演「財政危機突破と忠臣蔵」

ソーシャルリスクマネジメント学会　研究会
２０１５年７月４日（土）
吹田市メイ・シアター

（亀井利明）　皆さん、こんばんは。口の悪いじいさんが、またまた飛び出してきて、何を言うことやらとお考えでしょう。今日のテーマの結論は、財政危機突破のために、徳川幕府が行ったことは、大名つぶしだということです。どんどん大名にいちゃもんをつけて、大名をつぶして、その収入を全部取り上げてしまいました。最終的には日本全国に３２０の大名をつくりました。その大名をつぶしていく政策の犠牲が赤穂藩です。忠臣蔵というのは、その犠牲者なのです。結論は、財政危機突破のために徳川幕府の取った政策は大名つぶしである、その悲しい犠牲者が浅野藩、つまり赤穂藩だということです。結論を先に言ってしまうと、あとは適当にやればよろしいですから、適当に申し上げます。

さあ、適当に申し上げるところが、なかなか聞きどころということで、言いたい放題申し上げます。皆さま方、こういうことをご存じでしょうか。黒板に書きましょう。「ＭＰＷＨ」。アメリカの憲兵さんはウルトラＨだということです。事実そのとおりなのです。ちょっとこれはふざけた話です。Ｍはmoney、お金、財政の問題です。Ｐはpower、権力、権限の問題です。Ｗはwoman、女性問題です。Ｈはhonor、名誉、知名度の問題です。組織なり人間を考えていく場合、この四つの項目に分けて考えればはっきりします。どの程度の金を持っているか、金集めができるか。どの程度の権力、権限を持っているか。どの程度女癖が悪いか。女癖と言ったらちょっと悪くて、対人関係はどうかということです。Honor は名誉の問題、知名度の問題です。この4項目に分けて考えたならば、組織でも人間でもはっきりするというわけです。

五十数年前、私がアメリカのペンシルベニア大学留学中に、アメリカ人と話をしているうちに、彼らがこういうことを言いだしたのです。特に woman の問題に向こうの人たちは非常に敏感です。セクハラ、パワハラというのはアメリカから来ています。そのころからアメリカはセクハラ問題がやかましかったのです。そして、女性問題がややこしい人たちは有名な人たちが多いです。英雄色を好むというやつです。それは日米とも共通しています。そんなことが共通して何になるということですが、実際そうなのです。

今申し上げたいことはマネーの問題ですが、レジュメをご覧いただきますと、登場人物である徳川綱吉、柳沢吉保、桂昌院、隆光、この4人が徳川時代の4悪人です。柳沢吉保は徳川綱吉の側用人です。これが権力の権化のような悪いやつなのです。柳沢吉保は館林藩の身分の低い低い侍でした。館林藩の藩士から、川越藩、甲府藩の大名になり、最終的には22万石の大名になります。これが話にならない男です。

徳川綱吉は生類憐みの令を出しました。これは「せいるい」と発音しません。「せいるい」と発音している人は日本語が足りません。「しょうるい」と発音してください。生類憐みの令は、最初はイヌだけだったのですが、イヌと仲が悪いのはネコで、ネコの周りにはハエやカがいるということで、ハエやカを殺しただけで改易、大名つぶしになりました。そして、いろいろな藩がつぶされているのです。生類憐みの令がなぜイヌを大事にするかというと、綱吉が戌年だからです。

桂昌院は京都の八百屋の娘で、大奥に上った側室です。側室との間にどうしても男の子ができない、そこでややこしいお坊さんの隆光が現れました。これがなかなかの悪徳坊さんで、大奥に取り入って、「子どもが欲しい人は手を挙げなさい。自分が仏さまに代わって、祈禱をするし治療もいたします」と言いました。何の治療をするのか、訳が分かりません。

その治療の場所が、知足院という、足を十分知らせてあげましょうというお寺なのです。しかも、これがけしからんのは、湯島の聖堂の近くにあることです。これがややこしい大奥の女性の欲求不満を解消しました。もう一つ、身分の高い女性を好む男性を紹介しました。今で言うところのラブホテルめいたお寺があったのです。それを経営していた坊主が月眞といいます。これは中村座の役者上がりで、隆光に弟子入りして、真言宗豊山派の密教を教わって、ややこしいことを山ほど知っているのです。それで大奥の女性を喜ばせていました。

挙句の果ては、桂昌院自身も怪しいです。桂昌院は60歳のばあさんです。京都の八百屋の娘ですが、絶世の美女であり、仁和寺、「にんわじ」と読まないように。私は特に日本語の発音にうるさいのです。「にんなじ」と読んでください。八重桜の名所である仁和寺で、隆光が修行しているときに、桂昌院という女性をスカウトして、それを綱吉に紹介したのです。紹介したのはいいのだけれど、大奥での男女関係は、そばに聞き役というのがいて、男女が仲良くしていると、そこに聞き耳を立てています。そんなもの一生懸命できません。皆さんはできますか。面白くないということで、綱吉は柳沢吉保を使って、柳沢吉保の家へお忍びで58回行って、思う存分、好きな女性とよろしくやっていたのです。綱吉がお忍びで行くと、有象無象の大名が山ほど貢物を持ってきます。柳沢吉保は大金持ちです。

それだけでは足りなくて、今度は順番に、4～5万石ぐらいの大名から勅使饗応役を選んだのです。赤穂藩は5万3000石でしたが、塩の収益があるので、実際には7～8万石ありました。

吉良上野介のところの産地の塩と格が違う赤穂塩があって、常々、赤穂藩は目をつけられていました。そして、悪いことに、いじめの名人の吉良上野介をわざわざ指南役にして、厳しく仕込めと言いました。けんかをふっかけて、浅野内匠頭が刀を抜くことをあらかじめそそのかしていたのです。それがうまく成功して、赤穂藩を取りつぶしました。

ついでに申しますと、登場人物の8番目の亀井茲親は、どうやら私の先祖らしいのです。大名の側室のまた側室の子孫かもしれませんが、私に血の流れがあります。亀井家には、津和野亀井家、萩亀井家、広島亀井家がありますす。広島亀井家は、亀井何とかいう警察のOBのボスがいたでしょう。静香なのにやかましい男です。あれがそうです。いずれにしても、津和野藩のこの男が同じような目に遭って、大名控室で、刀の束に手を掛けました。危機一髪で、吉良上野介に切りかかるような事件があったのです。ところが、家老が何千万円という金を吉良上野介、柳沢まで持っていって事なきを得ました。そういうことがあって、吉良上野介はそういうことをやる名人で、うまく使って大名の取りつぶしをやろうと謀ったのです。

大名取りつぶしの一番いい例は、幕府の悪徳収入計画です。第1目標は、赤穂・浅野家5万3000石です。これから、浅野家に代わって、永井家を赤穂へ入れたのです。それは3万3000石しか払っていないので、2万石は幕府の収入になりました。そして、赤穂浪士が討ち入りしやすいようにしやすいように政治を行いました。そして、吉良上野介の息子の上杉綱憲が赤穂浪士撃退のために出撃することを期待していたのです。そうすると、

広島は黙っていませんから、江戸で国外戦争になります。両方つぶしてしまえということになって、第2目標の米沢上杉藩15万石と浅野本家の42万３０００石、合計57万３０００石と、ほぼ和歌山藩に匹敵するような収入が入ってくるのです。そういうよからぬことばかりやっていた、その名人が柳沢吉保という男です。

第1事件は、吉良上野介に切りかかる事件で、第2事件は、赤穂浪士の討ち入りの事件です。それの収支計算書を見ます。商学部の先生はどうしても金の問題が大事です。

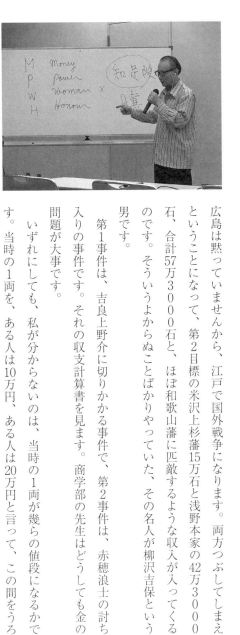

いずれにしても、私が分からないのは、当時の1両が幾らの値段になるかです。当時の1両を、ある人は10万円、ある人は20万円と言って、この間をうろうろしていると思います。私は1両を20万円と計算しました。そうすると、収入の部、瑤泉院化粧料は1億３９４０万円で、大変な化粧料です。いくら化粧品が高くても、こんな値段になりません。これは要するに失業手当です。瑤泉院というのは浅野内匠頭の正妻ですが、それに対して赤穂藩が払ったのは1億３９４０万円です。この金を使って討ち入りしたのです。そして支出項目を見ると、旅費が５６４０万円です。しかし、1回の東京出張のために3両しか払っていないのです。３両だから60万円です。それは数字がどうも合いにくいのです。もしそうだとすると94人分の旅費ということになります。

仏事費は３３００万円です。いかにお坊さんが高いお布施を取っているか分かるでしょう？ 仏教というのは何でこんな金が掛かるのでしょうか。神道はややこしいことをしないので、金が掛かりません。神道というのは、日本古来の神道だけでなく、いろいろあります。私は病気平癒の神様は、神社へ行きます。私は伊勢神宮へ行って、お守りをもらって、そのおかげで、すこぶる元気です。口だけは悪くて、まだ治っていませんが、少しましになっています。それから浪士済費が１３２０万円です。これは貧困で、生活しにくい浪士に対して与えたお金です。

収支すると、大石は１４０万円寄付しています。合計して1億４０８０万円の収支があります。そして、そのことを報告すべく、2番の登場事項の（2）金銀受払帳（収支計算報告書）を持って、瑤泉院のところに大石良雄が雪の降る日に報告に行ったということになっています。これもどこまで本当かどうか怪しいものです。歴史というのは、70％がうそで、30％が本物です。私は織田信長の研究と赤穂浪士の研究と水戸藩の研究の三つをいろいろな時に応じてしているのですが、どれもこれも見たことがないので本当のことは分かるわけがありません。それを日本の歴史学者は、分かったような分からないようなことをいまだに言っているのです。本当のことは誰にも分からないので、類推して飯を食べているのが歴史学者です。人の心理状態がどうなのか。誠に崇高なる学問がわれわれの学問だと自画自賛並べているのが心理学者です。われわれ危機管理学者は、現実のことを勉強したい。だから、われわれがしなければならないことは、現実の危機をどのようにマネジメントし、現実の危機をどのように突破していくか。これを研究しているのです。戸出先生、違いますか。

（戸出正夫）　そのとおりです。

（亀井利明）　そこで、いいものがありました。2番の5、富士山大噴火、1770年。これは赤穂大事件が起こって、2～3年後のことです。ただし、赤穂事件とほとんど同じ時期に、江戸には大火が起きます。どういうわけか、1万キロ以上離れたロンドンでも同じ時期に大火があります。いずれにしても、東京の江戸の大火はこの時代に集中しています。そして、なおけしからんことには、大火が起こるたびに徳川幕府は、各大名に見舞金を強要しているのです。そして、徳川幕府は2万4000両を稼いでいます。火事場泥棒もいいところです。徳川幕府は大名を割り当てて義援金を募集して、2万4000両儲かったのです。その収支計算書が手に入らないので、ちょっと説明しにくいのですが、そんなことをやっています。だから、いかに徳川幕府が横着かということです。

さらに私が一番気に入らないのは、木曾三川です。これは関本さんの家のところにあります。木曾川の改修工事で、薩摩藩が動員されました。薩摩藩との間でものすごいいさかいがあって、何十人と自害しています。そういうところへ行ったことがあります。これは手伝い普請で、ことごとく搾取です。だから、搾取の勉強をしたければ、徳川幕府の研究をしろということになります。

そういうことで、申し上げたい点は、残念ながら、日本はオリンピックの後にギリシャの財政危機と同じ現象が起こるということです。従って、皆さま方は、5～6年たつと、ひどい目に遭います。遭いたくない人は、せっせと金の延べ棒を買いなさい。なかなか買いにくいけれども、金の延べ棒をお買いになるか、もしくはあまり言いたくないのですが、早くお亡くなりになるか。どちらかになろうかと思います。後の方は暴論ですけれどね。金の延べ棒を買って財産価値を保全する。ことごとく税務署に把握されますから、絶対に預金はしない。現生で保管します。現生も日本の円ではなく、ドルかスイスフランです。現生ですよ。預金したらいけません。全部把握されます。スイスの銀行であろうが、アメリカの銀行であろうが、地の果てまでの国の銀行が全て把握されます。税務署はそれに課税しようとします。所得税、相続税、市役所は固定資産税で、税金で締め付けよう、財政収入を少しでも確保しようとしてきます。オリンピックの後まで生きておられる方は、どうぞお金の計算だけは正確にして、不当な金銭を国家に取られないように。私はその点については、国家は悪だと思っているのです。

大変妙なことを申し上げましたが、申し上げたいことはそういうことでございます。どうもありがとうございました（拍手）。

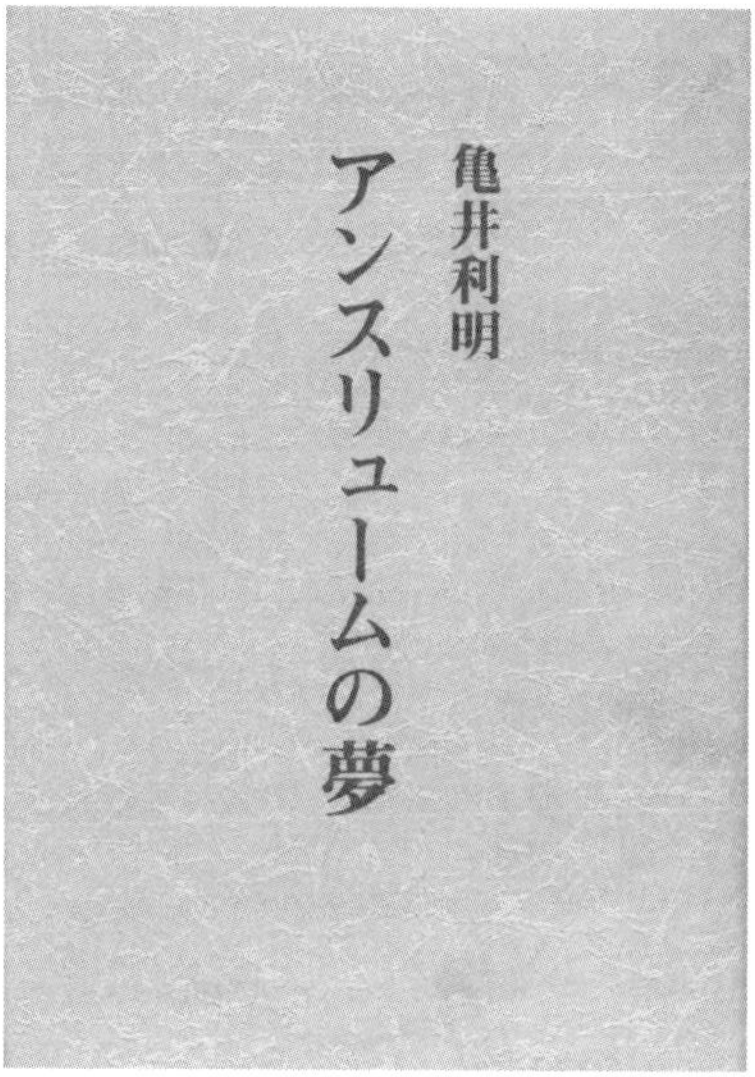

1991 年

補章②

亀井利明名誉教授の公の場における最後の発言

ソーシャル・リスクマネジメント学会　全国大会
2015年11月28日（土）
修文大学

亀井利明開会の辞

（亀井利明）　日本人というのは、47という字が好きです。日本に火山が47あります。そのうちの桜島が噴火するものだから、鹿児島での学会開催をやめてしまって、ここ名古屋になりました。名古屋は安全です。ただし、名古屋は地震多発圏であるのです。

それで、何が言いたいかと申しますと、47は危険な数字なのです。赤穂浪士が47士でしょう。日本の都道府県の数がそうでしょう。また、一つ増やすと『四十八歳の抵抗』という石川達三の小説があります。そういうわけで、どうも46、47、48というのは、男も女も、ちょうど変調期にあって、危険な年齢です。だから、その年齢の人は注意してくださいね。

さて、鹿児島から名古屋ととんでもない方向違いになって、名古屋で学会をやることになったのですが、これも仕方がありません。そういうことで、本日、愉快かつ活発に議論して、ソーシャル・リスクマネジメントの発展に期待したいと思います。

注釈

亀井利明「日本リスクマネジメント学会の創設とその成長によせて」『危険と管理』第39号　日本リスクマネジメント学会創立30周年記念号（2008年）より抜粋

1　伝統的リスクマネジメントの展開

リスクマネジメントは①ドイツの企業危険論やリジコポリティク（Risikopolitik：危険政策）、②アメリカの経営管理論の一部として（危険負担の管理、財務管理の一部として）、③アメリカのマーケティング機能論（リスク・ベアリング、リスク・マネジメント機能）の一部として（これについてはマーケティング学者である大橋正彦氏の研究が貴重）、④アメリカの保険管理ないし防災管理として、⑤日米の公害論や環境論の一部として、⑥日米の経営戦略の一部としてのリスク戦略として、⑦アメリカの国際関係論としてのクライシスマネジメント論などを包括している。

しかしながら、わが国で展開されたリスクマネジメントは、主として②④⑥⑦であった。もっともそれと並行して、議論されたのは、（a）リスク概念の分析と（b）リスクマネジメントと危機管理の相違であった。（a）はともかく、（b）は単にルーツが異なるに過ぎぬものを、ことさら専門家づらした議論が多かった。

どういうわけか、リスクマネジメントの研究に当たって、経営学におけるマネジメント職能論や機能論の導入が不十分で、リスクマネジメント学者は常識的な対策として把握し、管理過程論や意思決定論をほとんど学習しなかった。そのため、リスク論争は山ほどあるが、マネジメント論争は手つかず状態で、その方面では実務家の実践論にまたざるを得なかった。

アメリカおよび日本のリスクマネジメントの初期段階での最大の関心事は（1）**リスクマネジメントの対象となるリスクは何か、（2）リスクマネジメント部門は経営組織上どこに位置づけるか、（3）リスク処理手段をどのように体系づけ、どのような基準で選択すべきか、（4）リスクマネジメントを職種別、リスク別にどのように体系化すべきか**ということであった。

（1）については、アメリカでは純粋危険のみに限定し、外襲的リスク、保険可能なリスクのみに限定し、そこから投機的危険に拡大されるには1980年代まで待たざるを得なかった。日本では私を中心として最初から投機的危険を含む全企業危険をリスクマネジメントの対象とすべきと主張し、日米間の対立があり、これが相互の交流をさまたげた。

アメリカでは1930年代にアメリカ経営協会や一般の企業が保険契約者側から見た保険の研究、オーダー・メイドの保険の購入、既存の保険の上手な利用法、ブローカーを使った上手な保険金の取り立てなどの保険管理をリスクマネジメントと称して活発に研究を始め、これを今に伝えている。

この流れを日本の保険関係者が紹介したが、保険企業はリスクマネジメントという言葉だけをセールス・トークに利用するだけに止まる状態が続き、その後、防災と関連させ保険企業内部にリスクマネジメント部を設けリスクマネジメント・コンサルティングのサービスを行うようになった。リスクマネジメントの主体となるべき一般企業は当初リスクマネジメントには見向きもせず、収益に結びつかないようなリスクマネジメントなどは無用の長物として無視するような状態であった。

ところが、日本リスクマネジメント学会の会員たちは、リスクマネジメントの対象危険を（a）純粋危険のみに限定する場合には保険管理型リスクマネジメントとして取り扱い、（b）投機的危険をも含めて管理リスクを処理する場合には経営管理型リスクマネジメントとし、（c）戦略リスクをも対象とする場合には経営戦略型リスクマネジメントとして体系化した。そして、（a）はライン機能、（b）はライン機能またはスタッフ機能、（c）はスタッフ機能として取り扱った。

こういう考え方は時代を先取りした考え方であったが、その後の経営環境の変化で、一般企業も（b）と（c）に関心を持ち、実質的にそれらを採用し始めた。

リスクマネジメントの総論分野では多方面に理論展開をなすとともに、各論としてリスク別、業種別に研究が進められるようになった。前者については、たとえば地震リスクマネジメント、環境リスクマネジメント、マリン・リスクマネジメント、原子力リスクマネジメント、インターナショナル・リスクマネジメントなどである。また、後者についていえば、中小企業リスクマネジメント、家庭（ファミリー）リスクマネジメント、学校リスクマネジメント、自治体リスクマネジメント、病院リスクマネジメント、福祉リスクマネジメント、金融リスクマネジメント、航空リスクマネジメント、鉄道リスクマネジメント、NPOのリスクマネジメント、商店街リスクマネジメントなどきわめて広範囲の展開を見せるようになった。そのため、リスクマネジメント学者のみならず、あらゆる人間がリスクマネジメントという言葉を使い出した。その結果、日本ではリスクマネジメントや危機管理という言葉は専門用語、マスコミ用語から常識用語に変化し、物の紛失や夫婦喧嘩に至るまで用いられるようになった。言葉の乱用である。

そのため、わが国ではリスクマネジメントに関する本が山ほど出版され、少数の立派な専門書から、いんちき、思いつき、ホラ吹き、マンガ風などのリスクマネジメント関係書物が次々と出版されるようになった。

また大学でも次々とリスクマネジメント講座が設置され、誇大な広告やシラバスが登場し、リスクを心理学、経済的に研究したがマネジメントの分からない教授や完全なダメ教授によって担当されている例が随所に見られるようになった。

2　リスクマネジメントの新しい波

（1）内部統制型リスクマネジメント

昨今の企業社会はコーポレート・ガバナンス、CSR、コンプライアンスをタテマエとして強調しなければならないほど乱れ切っている。企業倫理は地に落ち、資本主義社会の初期に見られた悪徳経営者が多数登場し、企業不祥事が一般化している。この企業不祥事は当該企業の社風や風土あるいは経営者の利潤極大化、拡張路線の意欲の結果であるにもかかわらず、経営者はあたかも、よそごとのように考えて対応したり、外襲的事故視したりしてその無責任ぶりは目にあまるものがある。

1990年代にアメリカではこういう風潮を阻止し、不祥事を防止するためにSOX法を制定し、内部統制のシステム化、会計監査の強化に向かった。その際に、内部統制に奉仕するリスクマネジメントとしてCOSOの制定したERM（**Enterprise Risk Management**）の採用が要請されるようになった。わが国において、こういったアメリカの動きが無責任に導入され、会社法が大改正され内部統制ブームを巻き起こした。そして、会社法施行規則第100条第1項において、業務の適正を確保する体制の整備の一つとして「損失の危険の管理に関する規程」の作成を義務づけた。

この規程をわが国の大企業はどのように解したかは疑問であるが、作成されたものを調べて見ると、全く千差万別で、本当にリスクマネジメントの必要性を認めて作成したというのではなくて、面従腹背的で、適当に作文したという感じが強い。また、各企業の実施するリスクマネジメントの内容については法制化されているとはいえないが、ＥＲＭが期待されている。リスクマネジメントは保険管理・経営管理関係者が体系化した伝統的リスクマネジメントであるが、ＥＲＭはアメリカの監査論関係者が伝統的リスクマネジメントを学ばず、一方的に作成したもので、理論上いろいろ問題がある。ＥＲＭは八つの相互に関連する構成要素から成るとされる。それは内部環境、目的の設定、事故の識別、リスクの評価、リスクへの対応、統制活動、情報と伝達、モニタリングである。しかし、八つが相互に関連するとは全くの詭弁であり、日本人の良識外であるという批判が強い。これをわが国に定着させるには相当な日本的加工が絶対に必要である。

(2) ソーシャル・リスクマネジメント

近時の自然環境の激変、社会経済の発展、社会環境の変化、文化や価値観の変化、科学技術の発展、生活様式の変化、家族構成の変化、家庭環境の悪化、グローバリゼーションの進展、テロや紛争の多発などはリスクの多発、多様化、巨大化を意味すると共に社会化を意味する。

また、企業社会を見れば、相変わらずの巨大への追求、利潤の極大化、企業不祥事やＰＬ事故の増加、サービス残業や無償労力の温存、企業内のいじめやパワー・ハラスメントの増加、企業に労働を提供している家庭の崩壊、子供のいじめ、不登校、問題行動などの家庭内暴力などの一般化は確かにリスクの社会化である。

こういった**社会化したリスクは、ソーシャル・リスクといわねばならないが、そのリスクマネジメントは単に企業危機管理や家庭危機管理だけで対応できるものではない。地域危機管理、学校危機管理、行政危機管理と連**

携し、相互協力の下に社会的に対応せねばならない。そこに登場するのがソーシャル・リスクマネジメントである。

ソーシャル・リスクマネジメントにおけるリスク対応は（1）自助による対応（自助努力）、（2）介助を得たリスク対応（介助と協力）、（3）共助を求めたリスク対応（近隣・ボランティア協力）、（4）公助あるリスク対応（公的援助）となる。すなわち、（1）は、リスクないし危機は自分で守るということである。（2）は、自助では十分でない場合の介添え協力を得て危機を防衛することである。（3）は、お互いに守り合う互助を意味し、地域社会の危機管理、各種の救援、救助活動に発展する。

最後に（4）は、公的機関による危機の防衛であり、ソーシャル・リスクが大規模化した際に発動される。それは、警察、消防、自衛隊などの活動にまつ。

わが国のリスクマネジメントは常に欧米のものとは一味違う日本的リスクマネジメントであったが、ソーシャル・リスクマネジメントもまたそうである。その必要性は徐々に高まっている。参考文献としては、**日本リスクマネジメント学会が創立30周年記念出版として発行した亀井利明著『ソーシャル・リスクマネジメント論』**（2007年、日本リスクマネジメント学会）が存在する。

なお、ソーシャル・リスクマネジメントの必要性を直接指摘していないが、その必要性を要望していると見られる文献として①谷本寛治『ソーシャル・エンタープライズ』中央経済社（2007年4月）、②上野治男『リスクの中に自由あり　―市民社会におけるリスクマネジメント―』東京法令出版（2007年10月）がある。

第三部　日本的リスクマネジメント理論の概要

第5章　リスクマネジメントシステムの概念と構築
――亀井理論に基づく展開――

羽原敬二

1　はじめに

事業を維持・安定させ、成功に導くために、リスクマネジメント[*1]は、本質的に必要な活動であり、従来から部分的に組織内の各部門で必要に応じ個別に実施されていたものであった。リスク処理を行うために現在最も求められていることは、これら個々の管理を全体的なシステムの中で有機的に結び付け、効果的に運営していくことである。事業全体の広い視野に立って、各部門に共通したリスクマネジメントの考え方と組織全体に対応するリスクマネジメントのシステムを構築することが必要とされている時代である。

現在の地球を取巻くリスクは、巨大化、多様化、多発化、多重化、高度化、複雑化、複合化、社会化、連結化、国際化（地球規模化）、広域化、連鎖化、組織化している。これまでに、リスク定量化の技術が不十分であったことが壊滅的な損害の原因となった事例は多くはないといえる。あくまで、リスクの存在が認識されていなかったか、リスクについて認識していても有効な対策がとられてこなかったか、またはトップのリスク対応に関する理念的な判断が誤っていたことが、大きな被害を生じた主な原因であると考えられる。リスクの把握には自ずと限界があることを承知し、常にリスクへの対応を見直し、是正、修正、改善する必要がある。

＊1　「リスクマネージメント」とは表記しない。経営学においては、「マネジメント（management）」と書き表すことがすでに定着しており、アクセントの位置からカタカナによる英語の発音表記上も、より原音に近いため、「リスクマネジメント」と表記すべきである。同様に、「リスクマネージャー」ではなく、「リスクマネジャー（manager）」と表記すべきである。

2　リスクの概念

（1）リスクの定義

リスク（risk）の概念は、各研究分野でさまざまに認識されており、必ずしも一義的に定義されているとはいえない。結論的には、組織において本質的にリスクマネジメントを展開するためには、「事故（事象）発生の可能性」と解することが、論理的に最も妥当で、一般的汎用性があると考えられる。ここでいう可能性とは、偶然性と解しうる。

実用的には、原子炉の確率論的安全解析を行う手順にみられるように、リスクを「事故発生頻度×影響度」と定義し、損失の期待値を求める方式が多く使われている。しかし、この期待値は、リスクを測定・評価する際の指標として用いるものである。なぜなら、常にそれが適切な尺度であるかどうかという問題が付随するからである。現実の個々の問題に関する具体的な状況に即して、リスクを多面的に評価することが必要となる。

たとえば、わかりやすくするために極端な事例を挙げると、1年間の発生確率が1万分の1で1回に100万人が死亡する大事故と、発生確率が5分の1で1回に500人が死亡する事故とでは、いずれも1年間の死亡者の期待値は100人であるが、同じ大きさのリスクであるとはいえない。さらに、A航空会社が、1年間に自社の過失により事故を6回引起し、総計50名の乗客を死亡させ、B航空会社が、自社の過失ではなく第三者の行為により1年間に1回だけ事故に遭遇し、300名の乗客が死亡した場合、B航空会社は、A航空会社よりも3倍リスクが高いと判断される可能性がある。したがって、リスクの評価には、たとえ確率が客観的に計算できたとしても、主観的な価値判断がどうしても必要になる。リスクは、あくまでも一種の抽象的概念と考えるべきものである。

リスクは、一般に、損害や望ましくない結果をもたらす、いわゆるマイナスまたは負のリスク（negative risk）としてとらえられているが、当事者にとり、利益や好ましい結果をもたらすプラスまたは正のリスク（positive risk）も存在する。すなわち、損失の可能性に対して利得の可能性がある場合には、利益を獲得する可能性である正のリスクを有することになる。

リスクの予測は、論理的推定により判断されるといえる。リスクを予測する場合には、①リスクの潜在性（常に新たなリスクが発現すること）、②リスクの再発生（過去のリスクは将来においても類似のリスクとして生じること）、③リスクの変容性（将来のリスクは過去のリスクから変化して発生すること）というリスクの持つ特性に注意しなければならない。

リスクマネジメントシステムを構築する基盤は、まず、リスク、事故、およびハザード（hazard）の概念を明確に認識・区別することが必要になる。なぜならば、事故（ペリル）の概念から説明すれば、リスク、ハザードの概念が容易に理解できるためである。この点において、米国の主要な文献では、損害（loss）の概念から説き起こしている点に問題があるといえる。

（2）事故・事象（ペリル）

事故を意味するペリル（peril）は、偶然事故そのもの（accident、incident、error、contingency、crisis、 catastrophe）で、発生事故形態を表す概念である。たとえば、爆発、火災、破損、機能停止などを指す。偶然事故とは、予見や予測が困難である不確実な事故をいい、この不確実性は、何が予見・予測できないかによって、事故の発生自体の不確実性、事故の発生時期の不確実性、および事故発生の態様の不確実性に類別される。事故発生自体の不確実性とは、事故それ自体が発生するか否かの予見が困難なことをいう。事故発生時期の不確実性とは、事故がいつ発生するのかについて予見困難なことをいう。事故発生態様の不確実性とは、事故の結果が経済的利益を生じるのか、または経済的損失を生じるのか、さらに、その場合の程度・規模はどのくらいか、について予見困難なことを指す。

事故と損害は、混同されやすいが、事故は、本来、価値喪失とは直接関係のない偶発的事象または出来事であると解される。事故発生の結果、何らかの経済的価値が喪失した場合に、損害が生じることになる。つまり、事故の結果が損害であり、損害の原因が事故という因果関係が成り立つ。

（3）ハザード

ハザード（hazard）は、リスクを発生・増加・減少させる条件、要因、または状態であり、事故発生の潜在的要因である。一般的な事例としては、教育・訓練の状態、機器の整備不良、機械操作技術の未熟、気象条件、建造物の構造などが挙げられる。すなわち、ハザードは、事故（peril）の発生頻度および規模に影響を与える具体的な事情または条件（conditions）を意味する。したがって、リスクはハザードの影響を受けてペリルに発展し、損害または利益を発生させるため、リスクの測定・評価は、これらハザードを分析することによって行われる。すなわち、リスクは、ハザードの数だけ存在していることになる。

ハザードは、社会、経済、政治、技術などの動態的変化に直接関係する動態的ハザードと、それらの動態的変化には関係せず、自然要因および人間の過誤などの人間の行動特性（human factors）にかかわる静態的ハザードに分けられる。

リスクマネジメントは、異常事態や不測事態といった偶発的事故の発生可能性を対象とするものではあるが、単に一過性の事故そのものだけではなく、その前後に存在する事故を引き起こす環境、状態、または事情であるハザード、とりわけ動態的ハザードをも含めて考察する必要がある。

3　リスクとハザードの関係

静態的ハザードは、人的ハザード（personal hazard）と物的ハザード（physical hazard）に大別される。さらに、人的ハザードは、主観的ハザード（subjective hazard）と客観的ハザード（objective hazard）に二分され、主観的ハザードは、モラルハザード（moral hazard）とモラールハザード（morale hazard）に分類される。

人的ハザードは、人に関わる物理的または身体的な事情や状況であり、人間の気質・体質、潜在的疾病、能力特性などを指す。モラルハザードは、人間の意識的な心理または精神状態や態度をいい、道義心の欠如、責任感の欠如、正義感の欠如、故意、悪意的感情などから生じる積極的作用である。これに対し、モラールハザードは、人間の無意識的な心理または精神状態に関する事情である。たとえば、注意力の欠如、気の緩み、無関心、無気力、士気の低下、風紀の乱れなどの人的事情を意味する。客観的ハザードは、男女の性差、年齢差、所属する集団・組織・国家、職業、ＤＮＡ、および身体能力などを指す。

物的ハザードは、自然現象、物に存在する物理的・客観的な性質、事情、状態をいう。たとえば、気象条件、振動、電磁波、施設内の可燃物の保管、および機械部品や計器の整備などが挙げられる。物的ハザードは、安全上の配慮から規制を実施する場合のように、人間が制御できるものと、気象条件に対処する場合のように、人間が制御できないものとがある。

リスクマネジメントにおいては、まず損害の発生防止が最優先の課題となるため、純粋リスクまたは負のリスク処理に重点が置かれる。この場合、リスクは、損害の可能性、損害の規模、損害の対象という三つの構成要素から成り立つ。したがって、リスクを低減させるためには、これら負の要素を減少させることが必要となる。損害の可能性はリスクの発生確率であり、損害の規模はリスクの影響度である。これらの大小は、ハザードによって決定される。損害の対象は、リスクの客体またはリスクの単位であり、資産価値や責任負担額などを意味し、原則として金銭評価が可能なものである。

ハザードは、それ自体が直接事故に結びつくことは限らないが、事故の発生可能性を高める条件や対象である。リスクは事故発生の可能性に対する定量的な概念であるが、ハザードはどのような条件や対象が事故を招致するかという定性的な概念である。

4 リスクマネジメントシステムのハザードとリスク

(1) 組織外ハザードと組織内ハザード

事業リスクは、さまざまな事業環境の影響を受ける。この事業環境のハザードは、組織外ハザードと組織内ハザードとに分けられる。組織外ハザードは、政治、経済、社会、技術などの事情や状況であり、外圧ともいえるものである。組織内ハザードは、環境適合のための戦略および管理の不適切といった事業組織内部の管理や経営資源に潜在する事情や状況である。

組織外ハザードは、経営外部環境のさまざまな静態的および動態的ハザードであるが、自然災害や不可抗力をはじめとする静態的ハザードだけでなく、正確に予測することが困難な動態的ハザードを重視しなければならない。すなわち、事業活動は、経済環境、技術環境、競争環境といったさまざまな組織外部環境の動態的ハザードによる影響を受けやすく、これらの確認、分析、評価が適正に行われ、リスク処理手段の選択・実施が適切でないと、事業目的が阻害されるからである。さらに、事業外部環境の動態的ハザードは、損害を生じる側面ばかりではなく、利益を生じる面をもとらえる必要がある。たとえば、市場における技術革新という技術環境のハザードの変化は、事業者にとって脅威となる場合もあるが、新規市場機会を提供し、利益獲得に繋がる場合もある。つまり、技術環境ハザードの動態的変動に対応して、新製品の開発、新規設計方法の開発、製品の改良、新製造工程の開発、新材料の開発等の技術革新により、積極的に対処すれば、組織外ハザードの変化にかかわる投機的リスクの利得の可能性を高めることになる。

組織内ハザードは、事業内部環境のさまざまな静態的ハザードと動態的ハザードであり、物的資源、人的資源、技術資源、情報資源などに関する静態的ハザードおよび各管理部門の効率に関する動態的ハザードが重要な対象となる。具体的な例として、組織内ハザードについては、工場、機械設備等に関する各種の物的ハザードおよび生産性の低下、人材不足、設備不足などの動態的ハザードが挙げられる。

（2）全般管理リスクと部門管理リスク

事業リスクは、管理職能との関係においては、トップマネジメントが担当する全般管理にかかわる全般管理リスクと部門管理にかかわる部門管理リスクに大別される。部門管理の上位に全般管理が位置付けられる。全般管理リスクは、事業戦略やトップマネジメントの意思決定に関するリスクである。事業活動は職能による部門管理を伴い、各部門管理に固有のリスクが存在するため、これを部門管理リスクと呼ぶ。したがって、管理分野に応じて、施設保全リスク、財務リスク、労務リスク、情報リスクなどに分類される。これらのリスクは、すべてリスクマネジメントの対象とすべきである。

事業のトップマネジメントが担当する全般管理に関するリスクは、事業方針の決定、事業戦略の設定、長期事業計画の策定、研究開発の推進などにかかわるリスクであり、事業の根幹にかかわる投機的リスクの性格が非常に強いものといえる。

事業環境にかかわるハザードと事業管理に伴うリスクとの関係においては、以上のように、リスクは管理分野に応じて全般管理リスクと部門管理リスクに類別されるが、それぞれのリスクは事業外部ハザードと事業内部ハザードの作用を受けて発生し、それが損害の可能性のみを持つ場合には、純粋リスクとして生じ、損害または利得の可能性を持つ場合には、投機的リスクとして事業に影響を与えることになる。すなわち、全般管理リスクおよび部門管理リスクは、純粋リスクまたは投機的リスクのいずれかに分かれるが、第一に問題となるのは損害を生ずる事故となる純粋リスクの場合である。

5　リスクマネジメントシステムの構築

リスクマネジメントは、体系化・組織化されたリスク処理対策にマネジメントの手法を融合したものである。そのために、リスク対策のシステム化とマネジメント理論の導入が不可欠な要素となる。したがって、リスクマネジメントの体系化については、種々の論ずべき問題があるが、以下の点が課題となると考えられる。

・純粋リスクを対象としたリスクマネジメントは、保険管理、防災管理、安全管理、品質管理、信頼管理がその中心をなす、いわゆる災害防止型リスクマネジメントである。

・リスクマネジメントは、リスク克服に向けて組織的かつ総合的に展開され、トップマネジメントの意思決定にリスクマネジメント活動を組込ませ、反映させるシステムを確立することが重要であること。

・全般管理リスクと部門管理リスクを区別し、各々のリスク処理に対応する展開をなすこと。

・リスクマネジメントの展開において、その目的、対象リスク、およびマネジメント概念を明確化すること。

・事業活動に内在する特有のリスクに対する管理を中心とした、業種別リスクマネジメントを確立すること。

・安全の品質は、競争によって維持すべきものではないこと。

・リスクマネジメントは、リスクマネジャーが実施するのではなく、現場のライン管理者が主体的に行うべきもので、リスク管理部門は、助言、教育・訓練、情報管理、適切なリスクコミュニケーションを行うことが本来の役割となるように組織化すること。

・安全管理やリスク管理の担当部署の設置、安全管理・リスク管理システムの導入などによって、十分な安全管理やリスク管理ができていると考えがちであるが、組織および日常業務活動において、形式だけでなく、明確な安全文化の確立と実践にはじまり、安全成績の向上、職務規律遵守の水準向上を目指す組織の構築が、企業本来の課題であること。

・事業運営上の安全管理の観点から、企業の組織、管理体系、管理者の価値観および役割を再考し、従業員全員参加型の安全管理システムを組織内に構築すること。

6　事故防止におけるヒューマンファクターへの取組み

(1)　ヒューマンファクター (human factors) の概念

ヒューマンファクターは、システムの特性によってその形態が異なるため、広い領域からの取組みと科学的分析に基づいて、さまざまに定義されている。基本的に最も重要な点は、ヒューマンファクターは、人間が関与するすべての局面・段階に存在するものであり、人間の行動特性として作用するハザードである。具体的には、現場の作業に従事する人、保守・補修を実施する人、作業を監督する管理者、作業計画を策定する人、手順書を作成する人、職務内容を決定・評価する人、作業環境を整備する担当者、事業運営者、規制行政の担当者、システム計画の責任者、システムの設計者、システムを製作・設置する人など、すべて人間が介在する部分にヒューマンファクターが入り込んでくる。したがって、ヒューマンファクターは現場で働く作業当事者だけの問題ではない。

人間の行動特性と環境が調和していない場合、人間は不自然な行動を強いられることになるため、不具合が発生する可能性が増大する。このことを認識して、人間と環境の不調和を改善する活動がヒューマンファクターに基づくリスクマネジメントである。つまり、人間の特性を理解したうえで人間を取り巻く周囲の状況を人間の特性に合わせるように改善する人間中心の考え方であるといえる。具体的に言い換えるならば、人間は本来エラーを犯す存在であり、このエラーを犯しやすいという人間の特性をあるがままに受け入れ、理解したうえで、エラーの発生を極力抑え、万一エラーを引き起こしても重大事に至らぬようにするための安全および品質への取り組みがヒューマンファクターの基本である。

ヒューマンファクターは、誤りや間違いなど好ましくないヒューマンエラーの発生に関係するが、必ずしもマイナス面のみを対象とするものではない。人間は、時として予想もできないような能力を発揮することがあり、機械では及ばない勘のような優れた感性をも有している。たとえば、設計時点では想定していなかった不具合や故障の発生に対して、適切な処置がなされたことにより、重大な事故を防止することができたという事例は少なくない。ほとんどのシステムは、ヒューマンファクターのプラス面によって運用されているといえる。

ヒューマンエラーがマイナス面だけを意味するのに対し、ヒューマンファクターは、プラスとマイナスの両面を包含している概念である。したがって、システムの安全性向上のためには、人間の本来持つ特性を的確に認識したうえで、マイナス面を避け、プラス面を活かすように対処することが求められる。

（2）ヒューマンエラーの概念

ヒューマンファクターのマイナス面をいい、ヒューマンファクターの一部分であるヒューマンエラーにも、複数の定義がある。

最近のヒューマンファクターの研究によれば、重大な事象に発展する人的過誤は、単発かつ確率的な過誤ではなく、事故時の人的活動を含む事象の進展において、判断ミスを誘発するような状況が背景に存在し、結果として危険行為に至ると考えられる。つまり、エラーは、人間が置かれた状況の中で必然的に発生するとされる。この考え方によると、分析対象は、エラーを犯す人間ではなく、人間にエラーを強要する状況であり、エラーの発生確率はこのような状況の発生確率ということになる。したがって、エラーを発生させやすい状況に置かれた人間は、ほぼ必然的にエラーを犯すため、この原因となる状況を改善しない限り、人員を交代したり、規律を厳しくしても、効果はないということがいえる。

組織的観点から、ヒューマンエラーについて、以下のような特徴が挙げられる。

①1つの活動に人間が含まれている限り、自然の結果としてヒューマンエラーが生じる。

②ヒューマンエラーは、組織という環境の中で発生する。いかなる事故も、1事象のみの結果として生じることはない。潜在的欠陥要因の連鎖が常に存在しており、その1つでも排除できれば、事故を防止できる防護機能が作用しない場合がある。したがって、事故が繰り返し発生するのを防ぐには、事故の要因を組織環境の中で処理することが重要である。

③事故調査結果から判明した問題点を確実に処理するためには、組織と当事者個人のヒューマンファクターを共に見極める必要がある。

④組織は事故を引き起こすことも、防止することもできる。組織的な欠陥に対しては、技術・訓錬および法令で対処することには限界がある。航空業界における安全推進活動や事故防止活動によって、ヒューマンエラーが組織的な要因により助長され、または抑制されるという事実を考慮していない場合が多い。

(3) エラーマネジメント

人間は、常にまずエラーが絶対起きないように工夫すべきであるが、エラーを完全になくすことはできない。したがって、エラーを管理することを考え、エラーが発生することを防止するよう努めることに加えて、エラーの悪影響を防止または低減することを考えるべきである。Reason によれば、エラーマネジメントは、エラーの防止とエラーの削減の二つの要素から成るとされている。

エラーが発生することを防止しようとすれば、発生場所を予測し、防止措置、すなわちエラー許容設計(error tolerant design)を講じる必要がある。1970年から80年代に原子力産業やプロセス制御技術で開発されたりスクマネジメント手法に基づく安全管理の考え方では、潜在的な弱点やエラーを発生させる活動または状況を認識するシステムが示されているが、Reason は、エラーマネジメントに含まれるべき対策・方法を以下のように挙げている。

①個人または集団がエラーを起こす可能性を最小にする措置
②特定の作業や作業内容のエラーに対する脆弱性を低減する措置
③作業場内においてエラーを誘発させる（および規則違反を誘発させる）要因を発見、評価、除去する措置
③個人、集団、作業、または作業場においてエラーを誘発させる要因を生む組織的要因を探知する措置
④エラーの検知機能を向上させる措置
⑤作業場またはシステムのエラー許容度を高める措置
⑥システムを運用・管理する人間に潜在的な状況を認知しやすくさせる措置
⑦人的過誤に対する組織内の防御機能を改善する措置

エラーは、正常な人間の行動の一部であることを認識し、ヒューマンエラーを許容し、是正するトータルシステムを構築することが基本である。ヒューマンエラーを管理する発想としては、次のような手法が考えられている。

①エラー阻止（error resistant）（エラーリダクション）

教育・訓練により技量を高めることや設備・手順を改善することにより、エラーの発生頻度を最少にする手段重視型の事故防止手法である。作業者間およびシフト間の作業申し送り手順の設定、部品へのアクセスの改善、作業場の証明の改善、技能訓練の充実、適性選抜の改善、誤作業が発生しにくい作業手順や設計など、大

部分の管理手法はこの範疇に入る。

②エラー処理（error capturing）

検査、作業後の自己確認、第三者による二重確認、作業後の作動・機能試験など、エラーの捕捉（trapping）またはエラーの検知と修復である。エラーが潜在している段階でエラーを発見・除去する手法である。

③エラー耐性（error tolerant）

エラーは完全にはなくせないという考えのもとに、人間中心のシステム設計などにより、エラーが発生しても、直ちに事故に結びつかないように処理する目的指向型の事故防止手法である。

・システムの多重化によるバックアップやフェールセイフシステムの適用

・疲労亀裂が危険な状態になる前に亀裂を発見できる複数の点検機会が得られるような構造検査プログラムの開発

7　ヒューマンファクターとリスクマネジメントシステム

ヒューマンエラーの原因および対象は、これまでほとんど業務の実施担当者に関連づけてとらえられてきた。しかし、最近、より上位のマネジメント部門における意思決定のエラーに着目する必要のあることが指摘されている。すなわち、業務実施担当者のエラーは事故やインシデントの発生に寄与することはあっても、事故の根本原因をなすことは必ずしも多くはないということである。

システムは、何重もの安全防護機能を備えている。こうしたシステムで事故が起こるのは、たまたまいくつかの事故原因が組み合わさった結果である。個々の要因が単独に存在していても、それ自体がシステムの多重防護壁を破るほど強力なものとはならならず、必ずしも事故を引き起こすには至らない。これらの要因が他の要因と結合しあって、システムの多重防護壁を破るために事故となるのである。このことから、事業の意思決定や施策は、従業員が働く組織の環境を決定し、さらに作業を遂行する過程で、エラーや違反行為の発生と抑止に影響を及ぼすものであることを認識することが重要である。

技術が絶えず進歩してきたため、機械故障または従事者のエラーは、事故やインシデントの発生に寄与することはあっても、システムの安全防護機能を崩すほど重大な根本原因となることはまれである。したがって、事故分析の結果からは、作業従事者よりも上位の管理レベルにあるトップマネジメントの領域で最初に行われる意思決定の問題が、安全システムにおける欠陥を招致する原因となる可能性が高いといえる。

安全性崩壊に直接結びつくような悪影響を及ぼすエラーや違反行為を直接欠陥要因（active failure）といい、結果が表面化するまで長期間潜在している意思決定や措置に関するエラーは、間接的欠陥要因（latent failure）と呼ばれる。間接的欠陥要因は、事故が発生する以前から組織に内在し、事故から時間的・空間的に離れたところにいる、意思決定者としてのトップマネジメント、規則の制定者、事業計画の策定者などによって引き起こされる事例が多く見られる。

マンマシンインターフェイスにおいて、従事者は、機材設計の不具合、不適切な事業目標、事業計画に照らして不適切な資源配分、マネジメントと実施担当者とのコミュニケーション不足、誤ったマネジメント上の判断などによって作り出される間接的欠陥の受け手である。従事者は、間接的欠陥要因を顕在化させる状態に置かれ易く、したがって、直接的欠陥要因を除去・最小化することだけに専念せず、間接的欠陥要因を発見し是正することに努めるべきである。

8　リスクマネジメントの特徴と機能

(1) リスクマネジメントの概念

現代の社会的環境は、内外の政治・経済情勢の変化に伴い、劇的に変化しており、リスクの質的変化が一層進展しつつある。そこで、事業を維持・安定させ、目標達成に導くために、リスクマネジメント（risk management）は、本質的に必要な活動であり、従来からも部分的に組織内の各部門で必要に応じ個別に実施されていたものであったが、リスク処理を行うために現在最も求められていることは、これら個々の管理を全体的なシステムの中で有機的に結び付け、効果的に運営していくことである。つまり、事業全体の広い視野に立った、各部門に共通したリスクマネジメントの高度化と、組織全体に対応するリスクマネジメントシステムを構築することが必要とされている時代である。

リスクマネジメントは、合理的な手段・方法を用いて、最少の費用でさまざまな事故・異常事態から生じる損失を最小にしながら、一方で、利益を最大にするための事業運営・推進の仕組みおよび活動である。すなわち、リスクマネジメントは、リスクがシステムの諸活動に及ぼす悪影響に対して、最少のコストで資産、活動、および稼動力を保護するために、組織が必要な機能、資源、および手段を計画、組織化、検証、改善するプロセスにより構築される。

危機管理（Crisis Management、Emergency Response Management）は、具体的には、国家安全保障上の政治的、経済的、社会的に重大な影響を与える非常事態および不測事態、あるいは社会的不安状態における対応策として実施される政策や行政機能を指す概念であったが、その対象範囲が、民間企業活動にまで拡大して用いられるようになったものである。一般的には、リスクマネジメントは、リスク事象の発生を防ぐ予防策であり、危機管理は、事後対応中心の管理で、重大事態発生後に備えるプログラムであると認識されているが、本質的には、リスクマネジメントは、危機管理を包括する広義かつ上位の概念であり、危機管理は、あくまでもリスクマネジメントの一部を構成する機能ととらえるべきものである。

組織におけるリスクマネジメントシステムには、安全管理業務から危機管理業務にわたる広い範囲のリスク対応活動が含まれる。リスクマネジメントは、特別対策本部等を設置した単発的な業務として処理される活動ではなく、継続的なマネジメント・システムの運営により実施されるものである。すなわち、リスクマネジメントは、定常的な組織において常時運用されている機能である。

一方、危機管理では、事故や事件が発生した後に、限られた短時間のうちに対処しなければならない制約がある。とりわけ、できるだけ短期間内に事態の処理を組織全体の視点から効果的かつ円滑に指揮する危機管理責任者の存在が不可欠である。危機とは、一般的には、石油危機や通貨危機等の経済危機、大規模地震災害、コンピューター・ネットワークの停止、ハイジャッキングやテロリズム等の治安問題など、社会システムの基盤または組織の存続に対して脅威となるものであり、システム全体に影響を与え、システムの核心的内容を揺るがす重大事態であると考えられている。つまり、損害規模の大きい事件・事故であり、予測が極めて困難な事象も多い。したがって、危機管理においては、時間の制約と限られた情報のもとで、復旧・収束・回復のための重要な意思決定をしなければならない。そのため、危機管理では、特に、迅速な決断と行動が緊急事態対応の要件となり、同時に強力・的確・柔軟な指揮命令系統の確立が必要になる。危機時に物的・人的資源を導入する危機克服手段としての緊急事態対策を常時準備した状態（emergency preparedness）に加えて、危機管理の過程では、危機対処活動中に派生した事態についても、本来の危機管理活動に悪影響を及ぼさないように、被害を最小限にくいとめるための措置を講じる被害局限措置（damage control）まで検討しなければならない。

セキュリティマネジメント（security management）も対象とする事態が相違するだけで、リスク処理システムとして、リスクマネジメントの一部を構成する機能である。セキュリティには、主要な概念として、情報セキュリティ（information security）と物的セキュリティ（physical security）がある。情報セキュリティは、情報処理システムへの外部からの攻撃などサイバーテロリズムに代表されるような社会情報インフラストラクチャーへの侵害に対抗する技術であり、対抗手段としては、電子認証、ファイアウォール、暗号技術などがある。物的セキュリティは、社会活動において国民の生命や財産を保護する技術である。具体的には、電気、ガス、水道、交通機関、道路、空港等の基幹的なインフラストラクチャーを対象に、安全・快適な社会を構成するすべての分野でセキュリティ技術が機能している。特に、建造物の安全管理、空港のセキュリティ管理、およびテロリズム対策などを対象とした物的セキュリティ技術が開発されている。これらの最も大きな課題は、個別のセキュリティが十分機能していても、相互に関係しているシステムでは、何らかの原因で不具合の連鎖が発生した場合には、大規模なセキュリティ・システムの破綻に繋がるような事態が想定されることである。

セキュリティという用語は、国家の安全保障に対応するようなマクロのセキュリティから地域や地方自治体、事業主体、企業、個人に至るミクロのセキュリティに至るまで、さまざまな領域のシステムに関して使われる。

(2) リスクマネジメントの展開

リスクマネジメントは、事業全体の視点からあらゆるリスクを把握し、統一された方針に基づいて個々のリスク処理を計画的、組織的に意思決定し、実施するものである。リスクマネジメントの目的は、リスクの作用を認識して、リスクコストの軽減により、事業の目的達成に寄与することである。そのため、総合的かつ組織的なリスクマネジメントの展開を常に認識する必要がある。

事故、故障、または異常事態に対する個々の管理は、以前から実施され、その体制も強化されてきてはいるが、部分的に個々別々に対策がとられたり、リスクマネジメントの構成要素を単に集めたりしただけでは、実質的なリスクマネジメントとはいえない。リスクの発生原因が極めて多様化しているにもかかわらず、リスク対応のための思考や行動が、進展していなかったり、組織内の管理体制が伝統的な過去の依存体質を併存させていたりすることにまず留意しなければならない。

リスクマネジメントを展開するうえでは、組織の活動は、生産性の向上や事業の効率化などの成果を評価できる業務とは本質的に異なり、マイナス面を扱った防御的なものがまず中心となる。したがって、リスクマネジメントに関しては、たとえその評価が困難であっても、結果ではなく、常にプロセスに目を向けなければならない。

リスクマネジメントは、異常事態や不測事態といった偶発的事象の発生可能性を対象とするが、単に一過性の事故そのものだけではなく、付随して事故を引き起こす潜在的環境、状態、または事情であるハザード(hazard)を含めて考察する必要がある。ハザードは、それ自体が直接事故に結びつくとは限らないが、事故の発生可能性を高める条件や対象である。リスクは事故発生の可能性に対する定量的な概念であるが、ハザードはどのような条件や対象が事故を招致するかという定性的な概念である。

リスクマネジメントにおいては、損害の発生防止が最優先の課題となるため、まずは純粋リスクまたは負のリスク処理に重点が置かれる。この場合、リスクは、損害の可能性、損害の規模、損害の対象という三つの構成要素から成り立っている。したがって、リスクを低減させるためには、これら負の要素を減少させることが必要となる。損害の可能性はリスクの発生確率であり、損害の規模はリスクの影響度である。これらの大小は、ハザードによって決定される。損害の対象は、リスクの客体またはリスクの単位であり、資産価値や責任負担額などを意味し、原則として金銭評価が可能なものである。

（3）リスク処理手段の体系

リスクマネジメントは、リスク処理手段によって、リスクコントロール（risk control：危険制御）とリスクファイナンシング（risk financing：危険財務）に二分される。リスクコントロールは、リスクの発生を未然に防止し、万一発生したリスクの結果である損害を最少にする手段であると同時に、利益を得る可能性を最大化する措置を考慮するものである。すなわち、リスクコントロールは、事故発生前の事前予防であり、損害の防止または軽減を目的とした各種技術的操作を意味する。これに対し、リスクファイナンシングは、リスクが発生して損害が生じた場合に、必要な資金繰りをあらかじめ計画して準備することである。つまり、リスクファイナンシングは、損害発生を予想した損害発生後の資金操作を事前に措置することを指す。

いずれの場合にも、組織は、費用支出を余議なくされるが、リスクコントロールのための費用支出は、コントロール技術を得るための金銭的支出であるが、リスクファイナンシングの場合は、財務上の金銭留保または補償を目的とした費用支出である。

（4）リスクコントロール

リスクコントロールに属する危険処理手段は、リスク回避とリスク軽減に分けられる。

①リスク回避（risk avoidance）

リスク回避は、予想されるリスクを阻止するため、そのリスクに関わる活動を行わないことである。つまり、リスク回避は、リスクを伴う事業活動を断念、中止、中断、変更、修正、または当該事業から撤退することである。したがって、リスクを避けるために、何らかの代替手段をとる場合には、別の新たな異なるリスクを抱え込む可能性がある。しかしながら、必ずしも便益や利益を放棄するということにはならない。この方法は、ミクロ的には、消極的で良策とはいえない、あるいは非現実的という考え方もあるが、マクロ的に見れば、リスク処理の最も基本的な手段である。

②リスク軽減（risk reduction）

リスク軽減は、リスクを積極的に予防・抑止する手段であり、事故の発生を未然に防止し、リスクの発生頻度を減少させる予防対策（risk prevention）と、事故が発生してしまった場合に、事故の拡大を防止し、損害の規模を最小化させる防御対策（risk protection）からなる。この手段には、リスク防止、リスク分散、リスク制限がある。これらのリスク軽減手段には、広く防災および安全管理が含まれ、技術的・経済的限界が伴う。

リスク予防は、事故件数を減らすために各種の物的・人的手段を講じることである。物的手段は、安全装置の設置や構造の改善などであり、人的手段は、安全教育や定期点検などを実施することである。リスク防止によってリスクが完全に除去できない場合でも、リスクが減少すれば、それだけ残存リスクの処理費用が節減されることになる。しかし、リスク軽減手段の効果と必要経費は、実際には定量的な把握がかなり困難であり、推測の域を脱しえないという問題点がある。さらに、事業自体の防災対策が極めて及びにくいリスクもあり、特に新しいリスクに対する防災技術は十分に機能しないことも多く、防災の限界を十分に認知しておくことが求められる。

リスク分散（risk dispersion）は、リスクを一個所に集中せず、分離・分散させることによって、一事業内のリスクに曝される単位を分割させることである。リスクに曝される単位を細分化することによって、事故発生時の損害規模を縮小し、リスクの軽減が実現される。リスク分散にはリスク転嫁が含まれる。リスクコントロールにおけるリスク転嫁は、契約による事前的リスク分散である。たとえば、事業請負契約、部品製造契約、リース契約、輸送・保管契約、販売・供給契約、サービス提供契約等の契約形態で用いられている方法である。リスクファイナンシングに属する転嫁は、事故発生後の資金・財務操作であるが、リスクコントロール手段としての転嫁は、事故発生前の技術的操作である。いずれもリスクの移転である点において差異はない。

リスク制限（risk limitation）は、個々の事業計画において、事業者のリスク負担の限界を確定しておくことである。すなわち、契約の取引や標準化によって事業の潜在的リスクを限定・抑止することである。リスクの転嫁は、通常特定少数組織間において認められるが、これが不特定多数の組織を対象としている場合には、リスク制限となる。

以上のリスクコントロール手段においてなされる費用支出は、予算化困難なことが多いが、責任を負う部門で予算化し、短期的・長期的に費用の見積り・計上を有効に行わねばならない。

(5) リスクファイナンシング

リスクファイナンシングは、企業が行う事業活動に必然的に付随するリスクが顕在化した場合に、事業への損失を緩和・抑止する財務的手段である。いかにリスクコントロールの努力をしても、発生する損失に備えた資金的な対応手段が、リスクファイナンシングである。これには、契約を通してリスクの作用を他者に移転するリスク転嫁と、自らの組織内で負担するリスクの保有がある。

①リスク転嫁（risk transfer）

リスクの転嫁は、通常、外部の金融機関等に一定のコストを支払って、リスクを当該金融機関等に移転し、リスクの顕在化により生じる損失を負担させることである。すなわち、リスク転嫁は、リスク自体を減少させるものではないが、予想されるリスクの大部分または一部を自己以外の第三者に負担させ、自らはリスクによる不利な影響を免れようとする手段である。リスク転嫁を利用することは、リスクコントロール手段を行使してもリスクが残存し、リスクを保有するには潜在的にリスクが大規模である場合に考えられる。リスク転嫁の典型的な例は保険であり、これに類似したものが保証や基金制度などである。リスク転嫁は、保険契約により保険者にリスクを転嫁させる方法と、保険以外の契約を通して他者にリスクを転嫁させる方法とに分類される。保険以外のリスク転嫁は、他の組織にリスクの財務的負担または法的責任を契約上移転することをさす。保険によるリスク転嫁の方法は、保険を利用することによって、いつどの程度の損害となって顕在化するか不明なリスクを、保険料という比較的低い経常的な費用に置き換えることができ、事業運営を安定させることができる。しかし、すべてのリスクが保険を転嫁できるわけではなく、自ずから保険可能の限界がある。しばしば、事業者のコスト負担能力を超える保険料支出を余儀なくされることもある。

②リスク保有（risk retention）

リスク保有は、リスクの顕在化から生じる損害を内部留保で対処することである。一般的には、準備金や引当金によりリスクを処理することであり、このような内部留保を超える損失が発生した場合には、借入金で対応することとなる。リスク軽減の検討を行った後に、他に転嫁できず残存しているリスクについては、自己負担、すなわち、保有可能かどうかを考える必要がある。保有には、リスクのあることを意識せずに保有していたという消極的保有、およびリスク処理費用と生じうる損害とを比較したうえで、意識的に保有する積極的保有がある。保有の方法としては、何も対策を講じず放置する方法と組織内に準備金を積み立てる方法がある。すなわち、リスク保有は、損失が発生した場合に、組織内部において資金手当てをし、損失に対応するために資金を利用する手段である。組織内部に資金を留保するのは、リスク処理コストを軽減するためである。リスクを保有する場合、基本的には、自らの組織内で十分負担しうる小損害などは経常費によって処理され、ある程度確率的に損害の発生頻度や強度が把握されているリスクは、準備金により対応可能とされる。

保有は、損害が生じない限り、リスク対策費用が組織外に流出しないという特徴を有するが、ⓐ組織内だけでは、統計によって損害の発生率や規模を予測することが困難であるため、保有額の経常費化が難しいこと、ⓑ大規模な損害が発生した場合、資金的に対処できなくなる可能性があること、ⓒ損害の発生時期が予測できないため、金銭資産で維持しなければならない積立金等、問題点も多くあり、小損害に対するなど、限られた範囲内でしか採用できない手段である。ただし、機械類の損耗などの非常に頻度が高く、損害の規模も把握しやすい種類のリスクには、実際上保有が有利なことが多い。リスク保有は、十分なリスク分析を前提としており、保有可能なリスクと保有不可能なリスクの判断も重要である。

以上のリスクファイナンシングの手段を実施する場合、消極的保有は別にして、積極的保有や転嫁は、相応の費用支出を伴うため、リスクコントロールの場合と同様に、短期的または長期的な予算編成を必要とする。

(6) リスクの適正処理と費用対効果

リスクの適正処理基準をどこに置くべきか、つまり、どこまでリスクを抑えるかという問題については、一定のリスク水準まで削減するために要するコストと、リスクによりもたらされる経済的損失を考慮しなければならない。

コストを投じてリスク対策を講じ、リスクが減少すれば、リスクによるマイナス効果も減っていく。しかし、リスクが軽減されるにつれ、より大きな軽減コストをかけないとリスクをさらに小さくできなくなり、リスクによるマイナス効果はあまり減らなくなってくる。そして、ある水準からさらにリスクを軽減しようとしても多額の費用がかかるだけで、リスク軽減によって得られる効果はほとんどなくなる。したがって、組織にとって望ましい適正処理の設定は、リスク処理費用とリスクによるマイナス効果の負担総額が最小になる条件である。このような定量的リスクアセスメントの結果と対策コストを考慮したうえで、リスクの適正処理基準を決定することができる。

リスク処理手段の選択を行うにあたり、重要な点は費用対効果の判断に基づく決定であり、それぞれの方法を投資価値という視点から取り組む考え方である。これには、①損失発生前にリスク処理手段にかかる費用とその効果を判定する場合と、②損失発生後に、損失額とリスク処理手段の効果を判定する場合がある。後者②の場合は、費用対効果の分析も、損失発生額と実際にリスク処理にかかった費用が数値として得られるため、計算は比較的容易であるが、前者①の場合には、リスク処理費用は支出した金額として直ちに生じるが、損失は発生していないため、何を根拠に評価すればよいかという問題が出てくる。しかも、適切なリスク対応により損失が発生しなければ、リスク処理の効果が表れた結果であるが、費用の支払いのみが強調される傾向がある。リスク処理全体のコストは、リスクを処理する組織がかかわる各種のリスクコントロール費用、リスクファイナンシング費用、および処理できなかったリスクによる損害額を加えた総合計金額である。

費用対効果の認識には、リスクが顕在化して事故にならないことが最も重要であり、そのためにリスク処理費用を投入するが、そうした直接効果を確認できないことに対する費用の認識が、欠けている場合が多い。もしそうであれば、損失予防への費用の投下に対する組織内での評価が得られることはない。リスク処理手段の費用対効果に関する判断の重要性はこの点にある。

9　リスクマネジメントシステムの基本構造

(1) リスクマネジメントプロセス

リスクマネジメントのプロセスは、Plan（計画）→Do（実施）→Check（点検・評価）→Action（改善）として知られているPDCAサイクルとしてとらえることができる。循環するサイクルとして把握されるリスクマネジメントプロセスの中で最も重要な部分は、リスク処理計画策定であり、リスクマネジメントの核心をなすリスク処理手段の選択という重要な意思決定を伴う。リスク処理計画の策定は、事業ハザードの調査、リスクの予測を通じて、リスク処理手段の選択と立案を行い、これに予算の裏付けを行って、リスク処理実施計画を作成することである。

リスクマネジメントシステムの確立は、リスク処理計画に基づく各種のリスク処理手段を実行すべく、事業目的の達成やリスク処理計画の実施に必要な人的・物的基盤の形成、業務分担、権限の委譲、人員の配置、組織関係上の職務の調整をすることである。さらに、リスク処理計画に向けて、方針を決定し、リスク処理業務への助言、コミュニケーション、動機づけを行う内部統制環境を構築することである。リスク処理結果の見直しは、リスク処理がリスク処理計画どおりに実施されたかどうかの業績記録・評価を行い、計画と実績の不一致を是正・改善することである。

(2) リスク処理計画の策定

リスク処理計画は、①ハザードの調査、②リスクアセスメント（リスクの分析・評価）、③リスク処理手段の選択という手順から成る。

①ハザードの調査

リスクマネジメントの第一段階としては、事業組織の持っているすべてのリスクを漏れなく洗い出す作業から始めることになる。ハザードの調査に基づき、システムのあらゆる部門から潜在的なリスクを見つけ出さなければならない。漏れなく発生可能なすべてのリスクを把握することは、非常に難しいことである。事業内容をよく分析し、事業規模に見合った効果的なリスクの検出システムを作りあげると同時に、リスクを的確に発見するために、各部門の内容をよく把握している責任者から事情を聞き、リスク特性を認識する必要がある。

リスクの客体である事業体の物的・人的資産について、どのような事故が起こる可能性があるのか、事故が発生した場合に、どのような損害となって現れるのかを、具体的に検討することがまず必要となる。リスクを認識する際に注意すべき点は、存在する潜在的リスクを漏れなく探し出すことである。技術の進歩によって従来予測されなかったリスクが発生することもあり、リスクが洗い出されず、対応する手段が取られなかった場合に事故が発生すると、事業体は当然損害をすべて負担せざるをえない状態に陥る。

②リスクアセスメント（risk assessment）

ハザードの調査が完了したら、次に、発見・認識した個々のリスクについて、発生する頻度や損失の大きさを分析し、事業組織にどれくらい損害をもたらすか、その影響の度合いを予測する。リスクを分析する目的は、リスクが事業に与える影響度をできるだけ正しくとらえることにあり、リスクの格付けと優先順位を決めることである。

リスク分析の作業を行うためには、まず関連データ・情報を入手する業務が含まれる。このデータの入手・収集は、システムの脆弱性の把握および実際に発生した事故の記録を含む。これらは、リスク分析を行う者の認知行為であり、この認知作業が、リスクを発見・認識する前提要件につながり、リスク分析の基盤となる。したがって、リスクを分析するには、「何のために（目的）」、「何に対して（対象）」、「どの程度（範囲）」、「どのレベルで（段階）」、リスク分析を行うのかを明確にしておく必要がある。リスクの発生態様は、システムにより多種多様であり、事業体のシステムへの依存関係によっては、リスクの影響も異なり、分析の範囲も変わってくる。さらに、リスク分析の目的によっては、損失結果の算定の仕方、リスク対応策へのかかわりにも差異が生じる。

リスク分析のためには、ⓐデータ・情報の入手を容易にする組織内外の環境を作ること、ⓑ収集したデータに基づき、システムのリスクに対する脆弱性を把握すること、ⓒ調査したリスクの結果から損失頻度・規模を推定すること、ⓓリスク対応について優先順位の決定をすること、ⓔリスク処理手段の費用対効果の判断をすること、などの処理作業が伴う。

一般に、こうしたリスク分析の要件や検討項目があったとしても、まずリスクを処理する方法を想定することが多い。しかし、リスクを効果的に処理するには、処理する対象を明確にし、その影響を判断した上で対処すべきである。リスク処理にはさまざまな手段があり、それらの手段をどのように選択的に組み合わせるかが重要である。なお、選択されたリスク処理手段の実行には、それに対応した組織的な決定が不可欠である。こうしたリスクを組織的・総合的に処理するための必要条件として、組織において、どのようなリスクが存在し、その影響はどのように現れるのかを把握することが求められる。

実際にリスクを分析するにあたっては、組織を管理・統括・運営するトップマネジメント（最高責任者）の認識が不可欠であり、リスク対応を組織的に準備することが前提である。その理由は、リスク分析を行う範囲は非常に広く、分析対象を決定することに時間と労力を要するためである。特に重視すべきことは、リスク分析が直接的に組織に利益をもたらさないため、組織内において、往々にしてその意義を軽視する傾向があるという点をどのように克服するかということである。そのためには、事業体組織にとってリスクマネジメントへの積極的な取組みは、トップマネジメントの責任であるという認識を組織全体が持つことである。それにより、ⓐリスクに対して組織はどのような対処の方法が必要であるのか、リスク分析の意味はどこにあるのかを明らかにすること、ⓑリスク対応をしなければ、事後的にいかなる規模の損失を負わねばならなくなるのかについて、算定方法を含め、リスク分析の手法を明示することへの取組みが重要な課題となる。さらに、リスク問題への対応が、新たな事業展開の可能性を生むことを考える必要がある。

リスク評価の基本は、認識されたリスクについて、損害の発生頻度および規模・形態の点から事業運営に与える影響の度合いを推定・分析することである。損害の発生頻度は、過去の経験、他の機関からの情報、研究資料、各種統計など、公開された判断材料から理論的に推測せざるをえない。ただし、損害の規模が小さく容易に予測でき、偶然性に欠けるような頻度の高いリスクは、修繕費など通常経費の範囲内で処理されるべき性質のものであるといえる。

損害の規模および形態について問題となるのは、大規模な損害を生じる可能性のあるリスクであり、一般に大規模なリスクほど発生頻度は低くなるため、発生の予測が困難となる。具体的には、予想されるリスクによる最大損害額を推測し、事業としてそれをどの程度負担できるかを判定・評価することが必要となる。このようなリスクが過小に評価されると、リスク処理手段が実状に合致したものではなくなり、損害が発生した場合に、予想外の損害額を被ることになる。したがって、組織が耐えられないリスクがあれば、最優先して処理する必要がある。

③リスク処理手段の選択

リスク処理手段の選択は、分析・格付けされたリスクの属性を配慮しながら、リスクに対処する各種の方法を統一的な基準に応じて有効適切に選択し、最適な組合せに関する意思決定を行うことである。この意思決定は、リスク処理予算との関連において、最少の費用で最大限のリスク処理効果をあげることを判断基準とし、効果適合性と費用適合性を配慮しながら、最適化・満足化のいずれを選択基準とするかを明確化しておかなければならない。しかし、これは非常に難しい意思決定であるため、スタッフとして専門のリスクマネジャーによる指導ないし補佐のもとに全般管理者および部門管理者の判断が必要である。一つのリスクに一つの手段が適しているとは限らないため、複数の処理手段の組合せ（tool mix）も考えねばならない。リスク処理手段選択の基本的原則は、リスクをできるだけ回避し、回避不可能なものは防止・軽減し、完全に除去できないリスクは転嫁して、なおかつ処理困難なものに対しては準備し、最終的に残存するリスクは保有することになる。

リスクマネジメントは、最少の費用でリスクのもつ不利益を排除することであるから、リスク処理計画に基づいてリスク処理手段の選択がなされた後には、これを実施するのに伴って生じる費用を合理的に見積もり、予算の計上をする必要がある。リスク処理手段は、予算との関係において選択される場合が多いと考えられる。リスク処理費用を節約することは必要であるが、合理的かつ必要な費用支出を削減してはならない。リスク処理手段が複数存在する場合、費用の面から相互に比較・検討することにより、適切な代替案の選択や実施方法を見出すことになる。なお、事業の日常業務遂行過程に不可避的に支出しなければならない経常費用と、異常事態に対処する臨時費用とを区別して予算化するべきである。

リスクマネジメントの実施は、全組織的規模で行われるべきであり、リスクマネジメント部門のみで遂行されるものではない。その意味で予算編成にあたっては、全般管理と各部門管理間の調整を十分に行う必要があり、リスクマネジメントの形態に応じた予算化を実現しなければならない。

10　リスクマネジメントシステムの運用

(1)　リスクマネジメント組織の構築

リスク処理計画を実行に移すのに伴う業務を、効果的に管理推進していくためには、組織のあり方が問題となる。職務権限（authority）と責任（accountability）の明確化、委譲、および各担当者間の相互間係の確立により、目的の達成に最も有効であると考えられる組織作りが図られなければならない。

リスクマネジメントの組織化において重要な点は、組織関係（ラインとスタッフ）の確立である。つまり、リスク処理部門の組織上の位置づけである。リスクマネジメント部門は、ライン部門を補佐する役割を持つスタッフ部門として位置づけられる必要があり、ライン部門に対し、業務執行上の連絡、助言、調整を行うことになる。各ライン部門にはそれぞれに特有のリスクマネジメント業務があり、それらのリスクマネジメント業務を吸収・統合して、ライン部門としてのリスクマネジメント部門に移転することは問題を生じ易くする可能性がある。その理由は、リスクマネジメントの職能を一部門に集中し、専門的にリスクマネジメント業務を担当することには無理があるためである。

リスクマネジメント部門あるいはリスクマネジャーは、事業リスク全般について精通しているわけではないため、各部門に固有のリスクまたは細部にわたるリスクには関与すべきではない。したがって、リスクマネジメント部門は、全般管理と部門管理のスタッフとして位置づけられることが妥当である。リスクマネジメント部門の役割は、リスクに関する助言、教育・訓練、情報伝達などを行うことであり、リスクマネジメントそのものを実施することではない。実際のリスクに精通しているのは現場の人間であり、リスクマネジメントの実践は、あくまでラインが行うものである。

（2）リスクマネジメントと内部統制

リスクマネジメントに関する内部統制の構築基盤は、リスク処理計画の実現に向けて組織構成員に行動を起こさせることである。その際問題になるのが、コミュニケーションと動機づけである。コミュニケーションは、計画実現のために、各部門相互間、部門内における組織のリスクコミュニケーションを円滑にすることである。リスクマネジメント部門がスタッフ部門として位置づけられていると、ライン部門に対する公式・非公式のコミュニケーションが必要になる。リスク処理手段がラインの各部門において実行されている場合には、リスクマネジメント部門は、各部門に対して内部コンサルタントとして助言し、リスクマネジメント業務に協力しなければならない。

動機づけの問題は、組織構成員にリスクコミュニケーションをなすとともに、その担当する職務遂行の意欲を喚起することである。リスク処理業務を完全に履行するためには、組織構成員に対して、指令や監督の程度にかかわらず、自発的に権限と責任をもたされた業務を遂行する意欲を喚起させ、かつ持続させるような組織内の環境作りが必要である。

（3）リスク処理結果の是正・改善

リスク処理結果の是正・改善は、リスク処理計画どおりにリスク処理活動が展開されてきたかどうかに関する監査・見直しである。すなわち、予め設定された基準に基づいて遂行された業務を点検して、万一計画と業務とに不一致があれば、是正措置をとることである。

リスク処理結果の検証は、①リスクの調査・確認の不備、②リスクの分析・評価の誤差、③リスク処理手段選択の効果、④リスク処理手段の組合せの適否、⑤リスクコントロール手段によるリスク防止・軽減の結果、などについて検討されるべきである。

リスク処理の統制の場合、他の部門における是正・改善とは異なり、業績そのものの監査ばかりでなく、業績と対比したうえで計画自体に対する評価もまた重要となる。リスク処理結果の見直しは、リスクマネジメントプロセスの最終段階であり、次のリスク処理計画へと引き継がれていく。

11　リスクファイナンシング手段の進化

(1)　保険処理困難なリスクへの対応

保険者が引受け困難として、十分な処理能力を提供できないリスクとしては、①集積リスク、②情報の非対称性が高いリスク、③リスク評価において信頼に足る過去のデータが十分に得られていないリスク、④保険化可能なリスクのみを抽出することが難しいリスク、が挙げられる。この理由としては、①リスクの評価が不可能または困難、②リスクに対応した期待収益を得ることが不可能または保険料水準が高額となりすぎること、によるためである。これらの問題に対処するため、保険者は、①リスク評価能力の向上および情報収集力の高度化、②リスク分担を可能とする保険商品・手法の開発・利用（高額免責の設定、ファイナイト保険）、③金融商品・手法の利用によるリスクの処理（インデックス化、クレジットリスク化）、④保険事故の発生防止・軽減（リスクコントロール)、などの方策に取組んでいる。以下、主な手法について列挙する。

(2) ART(Alternative Risk Transfer:代替的リスク移転手段)

ARTは、保険と金融を融合させた手法であり、最終的なリスクの引受けを保険市場に限らず、より引受能力の大きい資本市場にリスクを転嫁するものである。狭義のARTにおける効果的なリスク転嫁手段として金融工学技術を利用した取組みが、保険デリバティブやCATボンドである。

ファイナイトのリスク取引は、保険リスクすなわちアンダーライティングリスクは転嫁されないが、期間リスクまたはタイミングリスクが転嫁されているものである。

伝統的なキャプティブは、自家保険の一種でリスクを自ら保有するものであるが、現在の先進的な形態のキャプティブは、戦略的リスクファイナンシング手法として、金融・資本市場からキャパシティを確保しており、効率的なリスク転嫁が行われている。

①コミットメントライン

コミットメントラインは、資金を借入れるごとに新たな契約を締結する必要がなく、融資手続きを簡素化することができ、融資枠を設定することにより、いつでも必要な資金を機動的に調達することができるため、流動性を確保することが可能となる。平常時の資金調達と同様に、リスク顕在時の資金調達についても、コミットメントラインを利用した資金調達を事前に確保する契約を締結することにより、企業は、リスクに対応して、信用力の低下や資金調達コストの増加を回避することができる。

ただし、一般的なコミットメントラインでは、自然災害などの甚大なリスク発生後の融資は想定されていない場合が多い。コミットメントラインには、災害や非常事態が発生し、参加金融機関が市場での資金調達または送金が困難になった場合、貸付義務を免除する不可抗力条項が設定されていることが一般的であり、注意を要する。

さらに、リスクの顕在化による企業の損害が大規模で、当該事業継続に多大なリスクがあるとして、金融機関が貸付前提条件未充足と判断した場合には、融資が実行されない可能性がある。したがって、信用リスクの判断が、個別事情により影響を受けるため、災害時の流動性確保対策としては十分ではない。なお、金融機関によっては、貸出行為を非常時における最優先業務としない場合も想定され、平時に比べて、融資が実行されるまでにかなり日数がかかることも起こりうる。

②コンティンジェントデット（コンティンジェント・コミットメント・ライン）

コミットメントラインの脆弱性を克服する手段として、特定のリスクに対応する融資枠契約であるコンティンジェント（contingent）・デットが挙げられる。コンティンジェット・デットは、予め定めたリスクが発生した場合に、当初設定した融資限度枠および金利条件に基づき、企業が必要とする資金の機動的な借入れを可能とする仕組みである。同手段を活用する場合には、企業は、仲介させたＳＰＶ（Special Purpose Vehicle: 特別目的会社）と非常時の借入れ予約契約を締結し、ＳＰＶに手数料を支払う。ＳＰＶは、金融機関と融資契約を締結して、最初に融資を受け、平常時は、当該資産を運用し、金融機関に利息を支払う。一定の事象が発生すると、ＳＰＶは、運用資金の一部または全部を取崩して、企業へ融資を行う。ただし、コミットメントラインに比べ、外部機関によるリスク分析費用やＳＰＶを通じて投資家に支払うリスク相当のプレミアムなどの追加的な費用が生じる点に留意しなければならない。

③保険デリバティブ

デリバティブ（derivative）の主なものは、①オプション取引、②先物取引、③スワップ取引である。オプション取引は、金融商品等を将来の一定の時点において特定の価格または特定のレートで売買できる権利の取引をいう。先物取引は、金融商品等を将来の一定の時点において売買することの予約をする取引である。スワップ取引は、事前に取決めた条件に従って、金利などのキャッシュフローを約定期間内に約定回数だけ交換する取引である。このように、金融取引の一手法であるデリバティブを利用して、天候・気象や地震・風水害といった事象の変動性を指標にした取引を保険デリバティブという。事業者は、この手法を用いて、資本市場に異常気象、地震、風水害、集中豪雨、竜巻などの保険関連リスクを転嫁させることができる。

天候デリバティブは、異常気象や天候不順により企業が被る売上の減少といったリスクに対し、天候の変化があっても、売上減少に伴う損失を塡補できるようにヘッジしておく金融派生商品であり、事前に一定の契約料を損害保険会社に支払い、平均気温や降雨日数などの気象要件が決められた水準に達した場合、想定データの変化に応じて補償金が支払われる。

損害保険商品では、損害の発生と事故発生原因の相当因果関係を立証することが保険金支払の前提となり、支払い保険金の算定に当たっては、損害調査を実証することが条件となる。しかし、保険デリバティブでは、因果関係の有無にかかわらず、保険関係リスクに連動する指標（index）の変動などによって、契約締結時に取決めた条件が充たされれば、企業側に金銭が支払われる。逆に、その条件が充たされて金銭が支払われた場合でも、指標が実損額より下回ることがある。実損額との乖離をベーシス・リスク（basis risk）といい、保険デリバティブでは、実際の損害に見合う十分な金額が支払われない可能性がある。したがって、完全なリスク転嫁は行えない点に注意する必要がある。

④ＣＡＴボンド（Catastrophe Bonds：大規模災害債券）

ＣＡＴボンドは、保険化が困難とされる地震や台風などの自然災害で、発生確率は低いが発生した場合の損害規模が大きい異常災害リスク（catastrophe risk）を証券化し、リスクを金融・資本市場に転嫁する仕組みである。

ＣＡＴボンドは、リスクを転嫁しようとする企業が直接発行することもできるが、一般的には、ＳＰＶを通じて発行される。投資家から集められた資金は、信託銀行等金融機関に預けられて安全な運用がなされる。債券を購入した投資家は、予め約定したトリガー（trigger：支払事由となる事象）が発生しなければ、契約満了時に債券元本の償還とリスクに見合った利息の支払いを受けられる。しかし、対象とした支払い責任を生じる事象・条件、すなわちトリガーが発生した場合には、債券の元本および利息が再保険契約を履行する補償金に充てられるため、投資家は元本および利息の一部または全部を失うこととなる。

ＣＡＴボンドによるリスク転嫁は、①巨大な異常災害リスクの処理が可能、②リスクの引受能力が安定していること、③リスクの発生直後に資金入手が可能、④転嫁するリスクの自由度が高いこと、などの利点があるが、問題点としては、①仕組みが複雑でコスト高くなること、②災害指数によって取引するため、実損額との乖離があること、③監督法、税法等の問題が発生する可能性があること、が挙げられる。さらに、対象とするリスクの種類や元利金の減額などの条件の特定方法（実損塡補型、インデックス型、パラメトリック型、モデルロス型）および契約期間など、リスクをヘッジするニーズに合わせて商品を設計することができるが、資本市場の投資家の理解を得る工夫が必要である。

⑤ファイナイト保険

ファイナイト保険は、個別色の強いリスクを契約者と保険会社が分担するという考え方に基づき、複数年契約として、個別リスクに応じた保険料を一定期間、一定金額ずつ支払う保険プログラムである。契約期間中の損害が少なければ、契約期間満了時に、保険料の一部が返戻される一方、損害が高額になった場合には、保険料の追加支払いの義務が生じる。複数年契約とすることにより、大数の法則が働かない特殊なリスクも時間軸上にリスクを分散することで保険化が可能となる。企業と保険会社関のリスク分担を行うことにより、保険会社にリスク情報が乏しいリスク保険化も可能となる。

ファイナト保険は、個別リスクの保険化対応が目的であるため、定型的な契約形態は存在しない。一般的な保険に比べ、特徴としては、保険会社に転嫁されるリスクが限定されている（finite）ことが挙げられ、限定されている意味は、①事故あたり、1年間あたり、保険期間通算での保険金支払い限度額が設定されていること、②大数の法則が働く通常の保険に比べ、保険金額に対する保険料の割合が高いこと、③保険期間中の損害実績により、返戻または追加保険料が生じることが一般的であることを指す。

⑥キャプティブ（captive）

一般の保険会社では情報格差が大きく、保険引受けが困難なリスクについても、子会社であるため、情報格差が排除でき、キャプティブにより保有可能なリスクを保険の形態で自家保有することができる。さらに、再保険市場で直接取引することによって、より効率な付保が可能ともなる。とりわけ、リスクマ・ネジメント・センターとして、グループ内企業のリスクを一元管理し、リスク保有・転嫁を戦略的に処理する手段として極めて有効な仕組みである。

キャプティブは、①保険引受の形態によれば、親会社の保険リスクを直接引受ける元受キャプティブと元受保険会社が引受けた親会社の保険リスクを再保険により引受ける再保険キャプティブに分類される。②引受リスクの形態に基づけば、親会社とグループ企業の保険リスクのみを引受けるピュア・キャプティブと無関係の外部リスクすなわち第三者リスクを引受けることにより、一般の保険会社と同様の業態を目指すオープン・マーケット・キャプティブに分類される。③所有関係の面からは、１つの親会社によって所有されるシングル・ペアレント・キャプティブと同業者組合や同一業界の業種別・地域別の参加企業によって構成されたグループ・キャプティブ、および企業自ら出資してキャプティブを設立する代わりに、設立済みのキャプティブの一部を賃借してキャプティブ機能を利用するレンタ・キャプティブに分類される。

キャプティブを活用する場合の留意点しては、①キャプティブが保有する保険リスクの損害率が、予定した損害率よりも高い場合には、資本を取り崩す事態に陥る可能性が生じるため、リスクに対応した資本の積立が必要となること、②キャプティブ内に留保されている資金の運用に失敗するリスクがあること、③キャプティブ自体の運用管理コストも要すること、④キャプティブから再保険市場へのリスク転嫁を前提とした形態の場合には、再保険市場の料率変動の影響を直接受けることになること、などが挙げられる。

12　リスクマネジメントシステム構築の新たな取組み

(1)　事業継続計画の策定

企業は、災害や事故で被害を受けても、取引先をはじめ利害関係者から重要業務を中断しないこと、万一中断しても可能な限り短い時間で再開することが要求される。事業継続は、企業自らにとっても、重要業務中断に伴う顧客の他社への流出、マーケットシェアの低下、企業評価の低下などの損失から企業を守る戦略的課題と位置付けられている。この事業継続を追求する計画を事業継続計画（BCP: Business Continuity Plan）と呼び、バックアップシステムや事務所の確保、即応する要員の確保、迅速な安否確認などが典型的な内容となる。ＢＣＰは、事業内容や企業規模に応じた取組みによって、多額の出費を伴う高度な対応でなくとも一定の効果は期待できるため、すべての企業に適した措置が可能とされる。

ＢＣＰの基本構成と検討手順は、①ＢＣＰの基本方針に決定（基本的なＢＣＰの方針や目標、ＢＣＰ策定の優先順位の決定）、②対象となる災害の特定（事業所・団体にとって被害や影響を受ける可能性のある災害の特定）、③重要業務と復旧目標の設定（事業所・団体にとって優先すべき、被害を受けても継続させる必要のある業務および早期に復旧させる必要のある重要業務の抽出）、④具体的なＢＣＰ対応の検討（ＢＣＰ業務を実施する、指揮命令系統の明確化、重要拠点の機能確保、および製品・サービスの供給等の対応の検討など）、⑤ＢＣＰ実施のための体制確立（予算や実施体制を確保し、中長期計画を含めて年次計画の中でＢＣＰに従った対応の実行）、⑥ＢＣＰの教育・訓練計画の策定（経営者をはじめとする全従業員および組織の全職員が事業継続の重要性を共通の認識として持つことと、教育・訓練の実施計画を合わせて策定）、⑦ＢＣＰの点検・是正・見直し（事業所・団体として事業報告や決算報告等に併せて、事業継続取組み状況の評価・検証）となる。

企業の多くはすでに防災への取組みを進めているが、ＢＣＰは、被災に際して重要な事業が存続できるよう取組む従来の防災の考え方に、①経営全体の観点から重要業務を選択し、復旧する事業所や設備を明確化すること、②被災後に活用できる限られた資源の有効な投入策を計画すること、③市場から許容される重要業務の停止期間を考慮し、目標復旧時間を定めること、④サプライチェーンに着目し、取引関係のある事業主体の被災状況とその事業主体に対する自社の業務停止の影響も併せて評価すること、などの新しい視点を付け加えるものである。すなわち、生命の安全確保や被害軽減を重視する従来の防災対策の考え方に加え、重要業務の選定、目標復旧時間の決定、サプライチェーンの観点からの対策等の新たな視点を付加するものである。

【参考文献】


亀井利明『リスクマネジメントの理論と実務』ダイヤモンド社、１９８０年。

亀井利明『危険管理理論』中央経済社、１９８４年。

亀井利明『保険総論』同文舘、１９８７年。

亀井利明『リスクマネジメント理論』中央経済社、１９９２年。

亀井利明『危機管理と保険理論』法律文化社、１９９５年。

亀井利明『危機管理とリスクマネジメント』同文舘、１９９７年。

亀井利明『リスクマネジメント総論』同文舘、２００４年。

甲斐良隆・加藤進弘『リスクファイナンス入門』株式会社きんざい、２００４年。

杉野文俊編著・池内光久・諏澤吉彦『損害保険とリスクマネジメント』財団法人損害保険事業総合研究所、２００９年。

松浦茂・佐野誠『損害保険市場論』財団法人損害保険事業総合研究所、２００９年。

有限責任監査法人トーマツ デロイト トーマツ リスクサービス『リスクインテリジェンス・カンパニー』日本経済新聞出版社、２００９年。

リスクファイナンス研究会『リスクファイナンス研究会報告書〜リスクファイナンスの普及に向けて〜』経済産業省、平成18年3月。

吉澤卓哉『企業リスク・ファイナンスと保険』千倉書房、２００１年。

日本リスク研究学会編『リスク学用語小辞典』丸善株式会社、平成20年。

近見正彦・堀田一吉・江澤雅彦編『保険学』羽原敬二「第３章　リスク・マネジメント」２０１１年。

随想・講演でたどる亀井利明氏の足跡

1．少年時代

「私が中3のときにちょうど日本が敗戦で、14歳のとき、つまり昭和20年4月から8月まで、日本の軍隊はわずか14歳の子どもにまで学徒動員をかけてきました。私どもは和歌山の連隊に学徒動員として引っ張られ、アメリカ軍の敵前上陸に備えてトーチカの構築に従事していたのです。そのおかげで、昼間は仕事はできません。昼間はアメリカ軍が毎日毎日上から写真を撮っていますから働けないのです。夜ばかり作業をする。夜ばかり作業をして昼間は寝ている。夜に作業をして夜更かしをする習慣はそこから身につきました。そして、できるかぎり電気はつけないようにする。「蛍の光、窓の雪」。ホタルの光で確かに本は読めます。ホタルをたくさん集めますとぴかぴかするのです。忘れもしません、6月の中旬ぐらいにホタルは和歌山の海南市領域の山中に飛んでいまして、電灯がないものだから、それを捕まえてきてホタルの光で勉強をしました。「蛍の光、窓の雪」は確かに事実です。」

（2000年10月21日・家庭危機管理学会報告「わたしたちの少年時代と非行」より）

2. 研究・博士号・海上保険

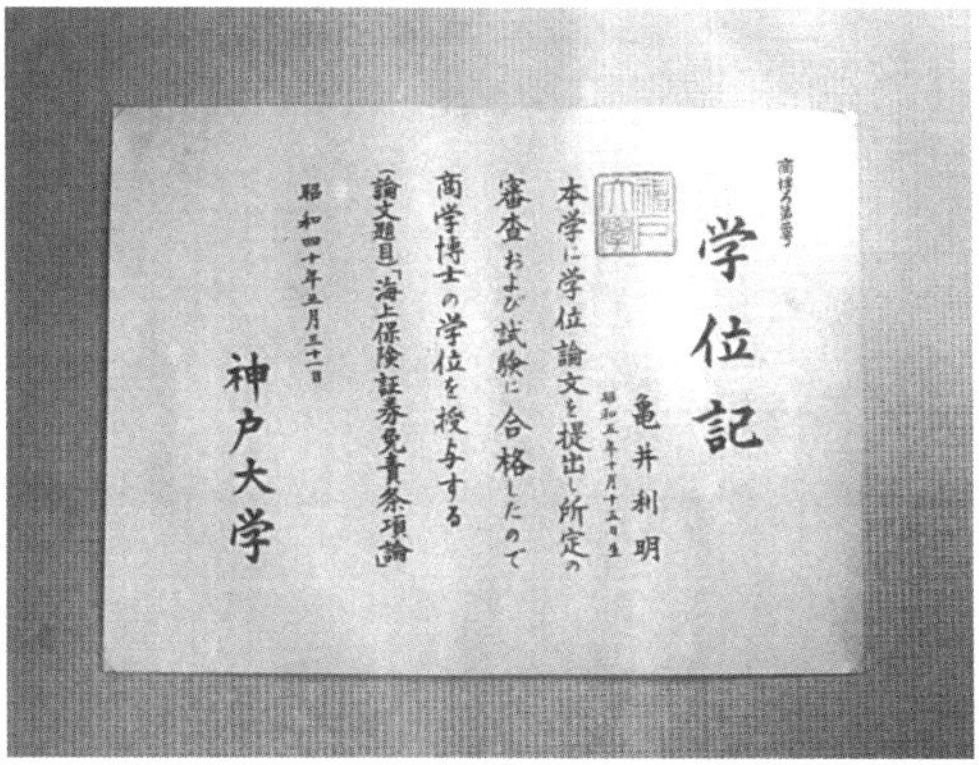

学位記

亀井利明

昭和五年十月十五日生

本学に学位論文を提出し所定の審査および試験に合格したので商学博士の学位を授与する

（論文題目）「海上保険証券免責条項論」

昭和四十年五月三十一日

神戸大学

商学博士　学位論文『海上保険免責条項論』（1965年）

「保険会社というものは、とにかく何とかして払わないでおこうという行動に出ます。やれ告知義務違反だ、契約解除だ、無効だ、失効だと免責が山ほどあるのです。私はそのことを研究して博士号をもらったのですから詳しいです。一番いやらしいことを研究したのです。しかも、海の海上保険のことを研究したわけです。ですから保険会社のいやらしさというのは、十二分に知っています。」

（1996年9月11日・関西大学経済政治研究所講演「危機管理とリーダーシップ」より）

3. 韓国

「第一回訪韓　1968 年 3 月」

「私の学問を一番先に
認めてくれたのは韓国でした」

「underwriting の意義と原則」講演風景

「70歳の古稀を記念しまして、隣の韓国へ老妻とともに行ってまいりました。私の学問を一番先に認めてくれたのは韓国で、次に英国でした。2年ぶりに訪れる韓国で、ずっと寺参りをして来たのです。そのとき韓国の町を見まして、これが20年前の韓国の近代化した姿かと思いました。行き交う人々の眼（まなこ）、服装、街にあふれんばかりの活気、山なす商品、豊かなる物品などに接しまして、いつの間にか日本に接近し、ある分野においては日本を追い越していると思いました。」

（2000年10月21日・家庭危機管理学会報告「わたしたちの少年時代と非行」より）

４．英国

「私の学問を一番先に認めてくれたのは韓国で、次に英国でした」

「日本の保険関係者もそれぞれ保険ゆかりの所を訪問されたことと思いますが、案外知られていないところはロード・マンスィールド（１７０５～93）の住んでいたケンウッド・ハウスです。ケンウッド・ハウスはロンドン北部の郊外ハムステッドにあります。

ロード・マンスフィールドはいうまでもなく１９０６年英国海上保険法の基礎を確立した英国の偉大な裁判官です。彼の下した数々の判決は今なお法として生きており、多くの海上保険書に引用されていることは周知のとおりです。

私は長時間彼の彫像を眺め、彼の写真を入手し、偉大な彼とその時代に思いをはせ、十分な満足をもってケンウッド・ハウスを辞去しました。折からの小雨は緑を洗い、原色豊かな草花をぬらして、ひときわ豊かに輝くハムステッド・ヒースを散策し、尽きぬ名残りを惜しみながら、この別天地を後にしました。」

（『危険と安定の周辺』同朋舎　１９７８年
第三部「英国での放浪」より）

オックスフォード大学

スカイ島

オックスフォード

5．教育

「リスク感性を磨け」

―投機的リスクと就職活動―

「リスクマネジメントのリスクというのには、純粋リスクというのと投機的リスクという2つの分け方があります。損害のみを生じるリスク（Loss only risk）。それから損害または利益のいずれか生じるリスク（Loss or gain risk）。リスクにはこの2通りあります。Loss only risk の方を純粋リスクといいます。純粋リスクは地震、火災、風水害など自然的災害と交通事故など社会的災害を意味します。それに対して、Loss or gain risk は投機的リスクというわけです。投機的リスクは、場合によっては利益をあげるし、場合によっては損害を被るというリスクです。価格の変動、為替リスク、新しい製品を開発する、海外へ進出するなどのリスクは明らかに投機的リスクなのです。そして私どもは、完全に両方のリスクを負担しながら毎日生活しているのです。

学生諸君にいつも言っていることですが、学生諸君の投機的リスクの最大なものは、どの会社へ就職するかということです。東京海上に就職するのか、ＮＨＫに就職するのか。東京海上とＮＨＫは関西大学をばかにしていますから、めったに採用しません。

私はいつも「関西大学の卒業生を採用しない企業は、いつかつぶれる」と言っています。いずれにしても、学生諸君がどこに就職するかによって幸せになるのか不幸になるのか、やってみなければわからないのです。そういうリスクを投機的リスクというのです。」

「学生諸君が就職活動で保険会社へ訪ねていったら、保険会社の連中で私の名前を知らないやつは余程あほうですから、大概知っています。その連中で比較的私のことを知っている者から「君は亀井先生のゼミか。亀井先生はこのごろ保険会社の悪口を言っておるか」と必ず聞かれます。それを聞かれたらこう言えと言うのです。「はい。昔ほどひどくはありません。多少は言っております」と言っておけと。全然言っていないと言うとうそになりますから。」

—リスク感性の練磨とマージャン—

「リスク感性を磨くのに、マージャンというゲームは一番よろしい。将棋は相手が1人です。これはもう定石を知っていて百戦錬磨の人に勝ちようがないです。戦略論を弄することができないのです。マージャンというものは相手が3人です。刻々と変化する状況が出てきまして、パイをつかんだ瞬間、瞬間的に意思決定、つまり後悔が起こらないように決断をする。決断というものが、リスクに対する最も重要な意思決定です。

ですから、マージャンというものを学生諸君に大いにやれと言っているのです。そんなことを言う先生は、大学にいないと思います。私はいつも学生諸君によく言っています。「難しい経営戦略なんかいいかげんにしておけ。マージャンしてリスク感性をみがけ」」

（1996年9月11日・関西大学経済政治研究所講演「危機管理とリーダーシップ」より）

6. 結婚という名のLoss or Gain Risk

「投機的リスクとして、就職の次に出てくるのは、結婚のリスクです。だれを相手に選ぶか。結婚すべきかすべきでないかの意思決定も投機的リスクです。だれを選ぶかということも投機的リスクなのです。結婚という loss or gain risk は、結婚して幸せならば gain、不幸せなら loss なのです。」

（1996年9月11日・関西大学経済政治研究所講演「危機管理とリーダーシップ」より）

7. 仰げば尊し

「仰げば尊しわが師の恩……」や「蛍の光　窓の雪……」はともに身のひきしまるメロディです。もっとも近ごろの学生のように先生を仰ぐどころか、つるし上げて、袋叩きにしようかという連中には、決してそうではないでしょうし、また蛍の光の原作 Auld Lang Syne の作者が誰であるかを知らないのが多いでしょう。

エアーには、ロバート・バーンズの足跡が多く残されています。もっとも、厳密にいえば、バーンズはアローウェイの出身です。しかし、アローウェイという村は現在エアー市に併合されています。エアーとは妙な地名ですが、Ayr と綴ります。

エジンバラからの観光バスで隣り合わせた紳士に、地名のことで質問しました。「Ayr と空気の Air は同じに聞こえるが間違いないか」と。彼氏は「その通りだ」と返事をしましたが、この話を聞いていた後ろの男が、

「いや違う、Ayrはエイアーと発音するのが正しい」といいます。ひまなものだから、この二人は物すごい早口でやりとりしていました。もちろん、私には議論の中味はわかりません。

エジンバラを九時十五分に出発した観光バスは、ペントランド・ヒルの谷間を縫って走っています。低いなだらかな緑の丘が続き、その丘の切れるところに牧場、麦畑があり、牛や羊がのんびりとそれぞれの営みを続けています。雲一つない快晴の日はめづらしく、窓ガラスを通して照りつける太陽は意外ときびしいのです。十一時半、ビガーという町に着き、小休止しました。ここは休暇を楽しむ保養地らしく、ゴルフと魚釣りの盛んな場所と聞きます。そういえば見渡すかぎり一面の緑で自然の起伏が絶好のゴルフ・コースを形成しています。スコットランドはどこへ行ってもこの条件をそろえています。ゴルフの発生する前提があるのです。広い土地と芝生があるから、自然と人々はゴルフを楽しむようになるので、日本のように、ゴルフをやる芝生を無理して作るというのとは全く異なっています。

ビガーを出発したバスは、なだらかな高原を突き進みます。せせらぎが曲がりくねってかぼそく流れています。緑の高原に点々と白点があるのは羊の姿でしょう。一面の緑の中に赤土の道路が美しく映え、ところどころに、白壁にわらぶきの山荘が急な二面屋根を広げ、人の存在を示しています。しかし、人の姿は全く見当たりません。小高い丘の頂上に観測所らしいものがあります。どうやら乗鞍の山頂付近に似ています。バスはカムノックというゴルフの盛んな町を通過して、午後一時ごろエアーの町に入り、町を一周して中食となりました。

エアーは古い西海岸に面した中都市で、ロバート・バーンズの出身地というだけでなく、魚釣りやヨットなどを楽しむ保養地であり、農業のセンターであり、かつまた港を持つ産業都市でもあります。市の中心は南北に走るメイン・ストリートとブリッジ・ストリートですが、西に折れると海岸に出ます。

なまり色の大西洋は波静かで、かもめが無数に低く高く飛びかい、一面の砂浜は夏の名残りを止めていました。正面にぽっかりと浮かぶのはアラン島です。淡路島に似たこの島にはどんな人間が住むのでしょうか。エアーの海岸線は全くあか抜けした設備を持ち、海水浴、ヨット、魚釣りに便利なように形成されています。太陽が照っているとはいえ秋風が吹き、うすら寒い日にもかかわらず、二、三人の男女が泳いでいたのには、いささか驚きでした。

中食後、バーンズの里アローウェイに向かいました。この村は芝生と牧草の緑と巨木が印象に残る静かな里で、道路ぞいにバーンズの生家があります。バーンズはあまり豊かでない百姓の子として生まれていますので、彼の生家は質素そのもので、白壁、わらぶき、平屋建ての小屋でした。道路側に Burns Cottage. Robert Burns The Ayrshire Poet was born in this cottage on the 25 th JAN. A.D.1759 died 21st JULY A.D. 1796 aged 37 1/2 YRS. と記されていました。四間しかない生家の中に入ると、バーンズゆかりの品が陳列してあります。この向いが小博物館になっており、多数のコレクションが陳列してあります。そのなかに、Auld Lang Syne の草稿もありました。ごていねいにも、一九五二年六月、バンクーバーの何某から千五百ポンドで買い戻したと説明してありました。

生家の前の道を東へ十分ばかり行くと、ドーン河に出ます。森をバックにして石造りのアーチ型小橋が静かにかかっています。有名な Auld Brig O'Doon です。このあたりの景色を見ていると、まさしく詩情も湧いてまいります。しかし、バーンズはこの地には必ずしも満足しなかったらしく「わが心はハイランドにあり、わが心はここになし、いずこに趣くともわが心はハイランドにあり」といっています。ハイランドの美が多感な詩人の心をそうさせたのでしょうか。

ドーン河ぞいに小公園があって、バーンズのモニュメントが建っています。また、Ayrの町にもバーンズの銅像が建っており有名なTam O'Shanter博物館があります。道路の名前もバーンズ・ストリートというのがあります。全くバーンズ様々の町がエアーという町で、藤村様々の小諸に似ています。

エアーからエジンバラへの帰路は当然異なった道が選ばれており、牧畜の中心ダグラスを経由します。そこは一面の原野で、うねうねした緑が視角一ぱいに広がり、無気味に静まり返っています。広大な牧場は所有者の境界を示すため、こけむした黒味の石を一メートルぐらい積みあげて垣を作っています。この石垣は韓国の済州島にあるものとよく似ており、万里の長城よろしく、どこまでも続いていました。

蛍の光の作詞者　バーンズの生家

急にバスが止まりました。「大きな角と長い毛を持つハイランド牛がいるから写真を取れ」と運転手がいいます。アップランドの地にはハイランド牛がいくぶん珍しいのでしょう。バレルノに近づいたとき、右手にレイス湖の夕日に映えた美しい姿を見て、スコットランドを放浪してよかったとつくづく思いました。

（亀井利明『危険と安定の周辺』同朋舎１９７８年４月25日第１版発行
第三部「英国での放浪」１３１～１３５頁より）

亀井利明氏研究の歩み

Ⅰ．初期の研究成果

［1］　１９６１年『**海上保険証券免責条項論**』（保険研究所）

①　海運、貿易、造船、水産等の海事企業の海上危険転嫁策としての海上保険制度の限界を追求

②　世界共通の海上保険証券である英国のロイズ保険証券および協会貨物約款を英国海上保険法（１９０６年）に照らして研究し、その免責条項を分析

③　海上保険契約における無責、免責、爾後免責の免責制度および無効、失効、解除という契約の終了を明確化

［2］　１９６１年「**企業危険論序説**」（Ⅰ）（Ⅱ）（Ⅲ）、『共済保険研究』（昭和36年9月号、10月号、11月号）

１００頁を超える長文の論文

①　ドイツの Leitner の企業危険論およびドイツの危険政策論（リジコポリティク）を日本に紹介

②　英米の企業倒産論を紹介し、日本の実務家の著書との対比

③　アメリカのマーケティング機能論中の危険負担および危険管理学説の紹介

④　企業危険概念の、日、米、独の学説に触れ、日本のＲＭ（リスクマネジメント）論の方向性を示唆

Ⅱ．海上公害論とマリン・リスクマネジメント

［1］**1974年『海上公害論』**（ミネルヴァ書房）

①海洋汚染と海洋油濁の形態とその補償のあり方を検討

②民間自主協定のTOVALOP協定およびCRISTAL協定を分析

［2］**1982年『マリン・リスクマネジメントと保険制度』**（千倉書房）

①リスクマネジメントの一般論を論じ、貿易、海運、造船、水産等の海事企業のリスクマネジメントをマリン・リスクマネジメントとして位置づける

②海事企業の純粋危険対策としての海上保険

③一部の投機的危険対策を含めた企業危険対策としての船主責任相互保険（PI保険）および輸出保険（貿易保険）の分析

Ⅲ．本格的なリスクマネジメント論の登場

［1］**1978年『危険と安定の周辺』**（同朋舎）

①ラジオ関西で1ヶ月間放送した「リスクマネジメント」および各種テレビで放映した「消費者サイドから見た保険商品」の原稿をもとに日本にリスクマネジメントを紹介

②純粋危険だけのRM（リスクマネジメント）ではなく、投機的危険をも含めたRMが必要と主張

③これからはRMの時代だと予想

［2］**1980年『リスクマネジメントの理論と実務』**（ダイヤモンド社）

1984年『危険管理論』（中央経済社）
1992年『リスクマネジメント理論』（中央経済社）
1995年『危機管理と保険理論』（法律文化社）
1997年『危機管理とリスクマネジメント』（同文館出版）
2004年『リスクマネジメント総論』（同文館出版）

①　これらの著書を通じて亀井危機管理論を完成
②　保険管理型RMをRMのごく一部として位置づけ、経営管理型RM、経営戦略型RMを展開
③　アメリカ経営学の成果を導入し、RM論を経営学の体系に取り入れるとともに、部門管理型RM、全般管理型RMを展開
④　倒産防止を強調し、企業価値向上などの夢物語を排除
⑤　経営者リスク論を展開
⑥　起業危険論を展開

Ⅳ．RM論の心理学的方向への傾斜

1999年『危機管理カウンセリング』（日本リスクプロフェッショナル協会）
2000年『心の危機管理と陶芸』（危機管理カウンセリング研究所）
2002年『企業危機管理と家庭危機管理の展開』（危機管理総合研究所）

①　これらの著書で、企業経営者のマネジメント・マイオピア、ストレス、フラストレーション等の心の危

機を分析

② 心の危機解消策としてリスク・コーディネーションの理論化、人事管理や労務管理理論のなかに心の危機管理を導入すべきことを力説

③ 経営者や管理者等の家庭の乱れから来る家庭崩壊、こどもの不適切活動、いじめ等の犯罪的現象の分析とその対策を論ず

Ⅴ．RM論の社会学的方向への傾斜

2007年『ソーシャル・リスクマネジメント論』（日本リスクマネジメント学会）

2009年『ソーシャル・リスクマネジメントの背景』（ソーシャル・リスクマネジメント学会）

2010年『ソーシャル・リスクマネジメントの拡張』（ソーシャルリスク研究所）

① 現在の社会はリスクの多様化、巨大化、国際化、社会化等が見られ、三安（安全、安心、安定）をいちぢるしく欠いた社会で、これらの社会的リスクをマネジメントするためにSRMが必要

② 現在のリスクは自然的災害や人為的災害が多発、多様、巨大化し、個々のRMだけでは不十分

③ 企業RM、家庭RM、地域RM、国家RMの連携が必要

④ 自助、介助、共助、公助の融合が必要、等々の主張がなされている

Ⅵ．危機管理から危機突破へ

２０１２年「危機管理と危機突破」　『実践危機管理』26号

２０１３年「危機突破学の展開」『実践危機管理』27号
２０１３年「企業危機突破とビール戦争」『実践危機管理』28号
２０１４年「大企業病の克服と危機突破」『実践危機管理』29号
２０１５年「危機管理・危機突破における決断論」『実践危機管理』30号

２０１５年『危機管理と危機突破』（ソーシャルリスク研究所）

① 危機管理は管理論、意思決定論であるが、危機突破は戦略論、決断論である
② 危機管理はマネジャー主導、危機克服であるに対し、危機突破はリーダー主導、危機打破である
③ 危機管理は会議尊重、防衛・守成重視であるに対し、危機突破は直観・挑戦先行である

亀井利明　主要著作目録

『海上保険証券免責条項論』　１９６１年（保険研究所）
『英国の保険事業』　１９６５年（法律文化社）
『海上保険論』　１９７１年（法律文化社）
『海上公害論』　１９７４年（ミネルヴァ書房）
『環境論序説』（共著）　１９７５年（法律文化社）
『海上保険総論』　１９７６年（成山堂）
『貨物海上保険の実務』（共著）　１９７７年（ダイヤモンド社）
『危険と安定の周辺』　１９７８年（同朋舎）
『リスクマネジメントの理論と実務』　１９８０年（ダイヤモンド社）
『アンスリュームの夢』（小説）　１９８１年（明文社）
『マリン・リスクマネジメントと保険制度』　１９８２年（千倉書房）
『危険管理理論』　１９８４年（中央経済社）　＊中国語と韓国語に翻訳
『英国海上保険約款論』　１９８６年（関西大学出版部）
『保険総論』　１９８７年（同文舘出版）
『現代リスクマネジメント事典』（編著）　１９８８年（同文舘出版）

『海上保険概論』　１９９２年（成山堂）
『リスクマネジメント理論』　１９９２年（中央経済社）
『危機管理と保険理論』　１９９５年（法律文化社）＊韓国語に翻訳
『危機管理とリスクマネジメント』　１９９７年（同文舘出版）
『危機管理カウンセリング』　１９９９年（日本リスクプロフェショナル協会）
『心の危機管理と陶芸』　２０００年（危機管理カウンセリング研究所）
『危機管理とリスクマネジメント　改訂増補版』　２００１年（同文舘出版）
『ロジスティクス・リスクマネジメント』（共著）　２００２年（危機管理総合研究所）
『企業危機管理と家庭危機管理の展開』　２００２年（危機管理総合研究所）
『基本リスクマネジメント用語辞典』（監修）　２００４年（同文舘出版）
『リスクマネジメント総論』　２００４年（同文舘出版）
『危機管理放談』　２００６年（危機管理総合研究所）
『ソーシャル・リスクマネジメント論』　２００７年（日本リスクマネジメント学会）
『ソーシャル・リスクマネジメントの背景』　２００９年（ソーシャル・リスクマネジメント学会）
『リスクマネジメント総論　増補版』（共著）　２００９年（同文舘出版）
『ソーシャル・リスクマネジメントの拡張』　２０１０年（ソーシャル・リスクマネジメント学会）
『遥かなるバロッサ・バレー』（小説）　２０１１年（ソーシャルリスク研究所）
『ソーシャル・リスクマネジメント論』（共著）　２０１２年（同文舘出版）

亀井利明　主要著作目録

『危機管理とリーダーシップ』（共著）２０１３年（同文舘出版）
『詩歌句集　蛍飛ぶ』（詩歌）２０１５年（日本危機管理士協会）
『危機管理と危機突破』２０１５年（ソーシャルリスク研究所）
『言いたい放題歌集　オール・アウト』（詩歌・随筆）２０１６年（ソーシャルリスク研究所）

日本におけるリスクマネジメント研究の展開

(1) 日本リスクマネジメント学会賞　歴代受賞作

◆日本リスクマネジメント学会賞　①　1984年9月
亀井利明『危険管理論　―企業危険とリスクマネジメントの理論―』中央経済社（1984年）

◆日本リスクマネジメント学会賞　②　1988年9月
武井　勲『リスク・マネジメント総論』中央経済社（1987年）

◆日本リスクマネジメント学会賞　③　1990年9月
宋　一『企業危険管理と保険理論』大韓民国図書出版栗谷（1989年）

◆日本リスクマネジメント学会賞　④　⑤　1994年9月
二味　巌『企業危機管理の時代』産能大学出版部（1991年）
陳　継堯『危険管理論』台湾三民書局（1993年）

◆日本リスクマネジメント学会賞　⑥　1999年9月
白田佳子『企業倒産予知情報の形成』中央経済社（1999年）
◆日本リスクマネジメント学会賞　⑦　2000年9月
植藤正志『現代リスクマネジメント論』税務経理協会（2000年）
◆日本リスクマネジメント学会賞　⑧　2001年9月
南方哲也『リスクマネジメントの理論と展開』晃洋書房（2001年）
◆日本リスクマネジメント学会賞　⑨　2002年9月
亀井克之『新版フランス企業の経営戦略とリスクマネジメント』法律文化社（2001年）
＊2002年度　第19回　渋沢クローデル賞ルイ・ヴィトン　ジャパン特別賞　受賞作
◆日本リスクマネジメント学会賞　⑩　2004年9月
上田和勇『企業価値創造型リスクマネジメント』白桃書房（2003年）
◆日本リスクマネジメント学会賞　⑪　2007年9月
吉川吉衛『企業リスクマネジメント　―内部統制の手法として―』中央経済社（2007年）

＊日本内部監査協会　２００７年度　第21回青木賞　受賞作

◆日本リスクマネジメント学会賞⑫　２００８年９月

藤江俊彦『改訂新版　実践危機管理読本　リスクマネジメントの基本からマスコミ対策まで』日本コンサルタントグループ（２００７年）

◆日本リスクマネジメント学会賞⑬　２０１０年９月

赤堀勝彦『企業の法的リスクマネジメント』法律文化社（２０１０年）

◆日本リスクマネジメント学会賞⑭　２０１１年９月

奈良由美子『生活リスクマネジメント』放送大学教育振興会（２０１１年）

◆日本リスクマネジメント学会賞⑮＝亀井利明賞①　２０１５年９月

上田和勇『企業倫理リスクのマネジメント　―ソフト・コントロールによる倫理力と持続力の向上』同文舘出版（２０１４年）

◆日本リスクマネジメント学会賞⑯＝亀井利明賞②　２０１６年10月

藤川信夫『英国 Senior Management Regime（SMR）上級管理者機能（SMFS）とコーポレート・ガバナンス・

コード：攻めのガバナンス、国際司法の交錯領域』文真堂（2016年1月）

（2）近年におけるその他の受賞作

◆日本リスクマネジメント学会　優秀著作賞　2011年9月

内田知男『リスクマネジメントの実務　ISO31000への実践的対応』中央経済社（2011年6月）

◆日本リスクマネジメント学会　優秀著作賞　2016年10月

松田千恵子『これならわかるコーポレートガバナンスの教科書』日経BP社（2015年8月）

松野敬子『子どもの遊び場のリスクマネジメント　遊具の事故低減と安全管理』ミネルヴァ書房（2015年12月）

八木良太『音楽産業　再成長のための組織戦略　不確実性と複雑性に対する音楽関連企業の組織マネジメント』東洋経済新報社（2015年7月）

◆ソーシャル・リスクマネジメント学会賞　2012年12月

上田和勇『事例で学ぶリスクマネジメント入門　復元力を生み出すリスクマネジメント思考』同文舘出版2012年4月（第2版　2014年3月）

大泉光一『危機管理学総論　理論から実践的対応へ　改訂版』ミネルヴァ書房（2012年4月）

◆ソーシャル・リスクマネジメント学会賞　２０１４年６月

杉野文俊　『保険とリスクマネジメント～トータルに理解する～』白桃書房（２０１４年３月）

◆ソーシャル・リスクマネジメント学会　優秀著作賞　２０１５年11月

浅津光孝『ビジネスで負けないために　ミッドウェー海戦から学ぶ経営戦略入門』幻冬舎ルネッサンス（２１０３年12月）

◆ソーシャル・リスクマネジメント学会賞　２０１６年３月

大泉光一・大泉常長『日本人リーダーは、なぜ危機管理に失敗するのか』晃洋書房（２０１５年10月）

◆ソーシャル・リスクマネジメント学会　名誉学会賞　２０１６年３月

亀井利明『危機管理と危機突破』ソーシャルリスク研究所（２０１５年７月）

亀井利明　略歴

1930年10月15日生

1958年　神戸大学大学院経営学研究科博士課程所定単位修得

1963年　第1回各務記念賞受賞

1965年　商学博士（神戸大学）

1968年　関西大学　商学部　教授

大学院商学研究科長（2期）、商学部長（2期）、入試実行委員長、

広報委員長、国際交流委員長

1968～2000年

非常勤講師として、北海道大学から長崎大学まで全国の大学で

リスクマネジメント論および保険論を担当

1978年　日本リスクマネジメント学会　理事長（後に名誉会長）

1992年　学校法人関西大学理事

2001年　関西大学名誉教授

2002年　日本リスク・プロフェショナル学会　理事長
2009年　ソーシャル・リスクマネジメント学会　理事長（後に会長）
1967年　ロンドン大学およびペンシルベニア大学へ留学し、
日本へリスクマネジメントを伝え、独自の危機管理理論を開発
1976年　吹田市監査委員（2期8年、1期目は代表監査委員）
1981年　大阪市国民健康保険運営協議会会長（28年間）

表彰　大阪市表彰、厚生大臣表彰、国民健康保険中央会表彰、
自治省全国都市監査委員会表彰

著書　リスクマネジメント関係19冊　保険論関係15冊他
文学関係4冊

2016年1月14日没　（享年85歳）

【著者紹介】

羽原　敬二
関西大学　政策創造学部　教授

亀井　克之
関西大学　社会安全学部　教授

日本的リスクマネジメント理論の現代的意義
―亀井利明最終講演の記録―

2016年10月15日　発行

編著者　羽原　敬二
　　　　亀井　克之

発行所　関　西　大　学　出　版　部
〒564-8680 大阪府吹田市山手町3丁目3番35号
電話 06(6368)1121 / FAX 06(6389)5162

印刷所　株式会社 図書印刷 同　朋　舎
〒600-8805 京都市下京区中堂寺鍵田町2

ISBN978-4-87354-640-7　C3034　